Luisa Francia

Spielend scheitern

LUISA FRANCIA

SPIELEND SCHEITERN

Leidfaden
für Frauen
mit 13 Tips
zum Mißerfolg

Frauenoffensive

4. Auflage, 1997

(Knollerstr. 3, 80802 München)
ISBN 3-88104-203-2
Satz: Ursula Benz, München
Druck: Clausen & Bosse, Leck
Umschlaggestaltung: Monika Neuser, München

Dieses Buch ist gedruckt auf Papier aus chlorfrei gebleichtem Zellstoff

Dieses Buch ist meiner Katze TIGA gewidmet. Sie ist zwar Analphabetin, aber sie hat nie Schuldgefühle, hilft mir nicht bei der Arbeit, kommt und geht, wie sie will, und während ich Tochter und Haushalt versorge und im Dreieck springe, liegt sie schnurrend in der Sonne.

Sie hat nie das Gefühl, daß ich das Gefühl habe, daß sie eigentlich das Gefühl hat...

Ich lerne von ihr.

Inhalt

Das Spiel

Beginne mit einer Farbe deiner Wahl. Setze deine Figur auf Null. Entscheide dich für einen der folgenden Wege:

I. Zögern

II. Warten

III. Linear von A nach B

IV. Tanzen

V. Stillhalten

Vorwort

Es soll immer noch Frauen geben, die hartnäckig an dem Glauben festhalten, sie seien etwas Besonderes, ja, Genies vielleicht! Sie denken, daß sie die Mauer durchbrechen könnten, die um männliche Machtpositionen errichtet wurde, um diese vor dem gierigen Zugriff einiger wild gewordener Frauen zu schützen. Die wollen nämlich das Unmögliche, sie lassen sich durch nichts beirren, sie sind verbissen, verbiestert, ehrgeizig, knallhart, kurz all das, was Männer dann gern als „männlich" bezeichnen. Und dann gibt es noch die Frauen, die weder verbiestert noch verhärtet als Mauerspechte (statt Mauerblümchen) arbeiten: mit rasanter Lust, Eigen-Sinn, Eigen-Macht, Frechheit und Unbekümmertheit. Alle diese Frauen haben ein Ziel: Sie möchten nicht aufs Maul fallen. Sie sind mit ihrer Rolle nicht zufrieden. Sie wollen mehr vom Leben, als die Spielregeln ihnen zugestehen. Für alle diese Frauen ist dieses Buch gedacht. Es zeigt 13 Schwerpunkte auf, an denen wir Frauen auf jeden Fall hängenbleiben, vielleicht nicht an allen zugleich, aber einer reicht ja schon.

Support Women, start with yourself! ist der Wahlspruch einer englischen Freundin (unterstütze Frauen, fang bei dir selbst an). Wohin kämen wir da wohl, wenn alle Frauen bei sich selbst anfangen wollten? Sozialarbeit ja, Eigen-Macht pfui. Wie oft haben uns die Männer schon gesagt, daß die Beschäftigung mit der eigenen Lust, Menstruation, Gefühlslage, mit dem eigenen Orgasmus und dem eigenen Schmerz unpolitisch ist! Wie oft müssen sie es uns noch sagen! Und immer wieder gibt es Frauen, die Zweifel säen: daß die Männer das nur sagen, weil sie selbst solche Gefühlskrüppel sind. Weil sie Angst vor unserer Radikalität, unseren tiefen Gefühlen, unserer heimlichen Kompromißlosigkeit haben.

Wenn du in einer Familie mit einem starken Vater und/oder mehreren Brüdern und/oder einem älteren Bruder aufgewachsen bist, dann brauchst du das Folgende eigentlich gar nicht mehr zu lesen. Das wird dir alles so geläufig sein wie dem Schulkind das ABC, und du wirst wahrscheinlich selten auf die Idee gekommen sein, die Vormachtstellung und höhere Intelligenz/Kompetenz männlicher Menschen in Frage zu stellen. Du wirst die dummen, die bösen Männer kritisieren, aber am männlichen Prinzip, an der Zielgerichtetheit, am „klaren, logischen Denkansatz", an der linearen Ausführung werden dir niemals Zweifel kommen. Daß es einen Fortschritt gibt, wirst du so normal finden wie einen Otto-Motor. Nehme ich an. Der Vater ist das notwendige Zentrum der Familie, das Haupt, das Oberhaupt, der Kopf. Obwohl die Qualifikation eigentlich eher in der unteren Hälfte des Körpers angesiedelt ist. Wer sagt schon: Mein Vater ist der Schwanz der Familie oder gar der Arsch der Familie?

Wenn dir also der genetische Ausweis in die höheren menschlichen Ränge fehlt und du als Frau zur Welt gekommen bist – halt, genau genommen bist du natürlich als Neutrum zur Welt gekommen, denn erst der Mann macht dich ja bekanntlich zur Frau, indem er dein Jungfernhäutchen zerreißt, und laß dich doch nicht von diesen Sprit-Emanzen belehren, daß dich die Menstruation zur Frau macht, daß Frau-Sein eine Chromosomen-Angelegenheit ist, von diesen Weibern, die behaupten, beim Y-Chromosom fehle etwas, hoppla, du hast was verloren, ach, das haben sie dir jetzt vorn hingeklebt.

Wenn du also als weiblicher Mensch geboren bist, kommst du in männlich regierten Familien/Gesellschaften, wie hierzulande, ganz schön ins Schleudern. Nicht sofort. Wenn du klein und niedlich und begeisterungsfähig bist, kannst du eine Zeitlang Pappis Mädchen sein. Du kannst um seine Gunst werben, und da er Mama mit der Zeit langweilig findet, wirst du ihm entweder intellektueller Ersatz für sie werden. Oder wenn du ihn allzusehr an Mama früher erinnerst und du zu ca. 60% der weiblichen Bevölkerung gehörst, wird Pappi oder ein anderer naher männlicher Verwandter dir bald klarmachen, daß dein Körper, deine Sinnlichkeit nur dazu da ist, Männer zu befriedigen und auf ihre Art glücklich zu machen. Wenn Mama so ist wie die meisten Mütter mißbrauchter Töchter, wird sie den Mund halten, dich nicht unterstützen und irgendwie froh sein, daß diese Last von ihr genommen ist. Oder sie wird keinen Mumm haben, Pappi die Zähne einzuschlagen, und zurückweichen. Wie auch immer. Sie wird dir das Gefühl vermitteln, Frauen sind hilflos und haben keine Chance. Und sie haben so zu funktionieren, daß Daddy, die Brüder und die Onkels aggressionsfrei neben ihnen leben können. Hast du Brüder, dann wirst du auch zunächst vielleicht gar nicht so viele Frust-Erlebnisse haben. Du wirst auf Bäume steigen, mit ihnen spielen und höchstens mal ein bißchen irritiert sein, wenn die Freunde deiner Brüder kommen und du nicht recht weißt, wo dein Platz ist. Du wirst erleben, daß du doch dazu da bist, die Jungs ein bißchen zu bedienen, denn die haben zwei linke Hände, und „wir beide machen das eh schneller", wirst du von Mama gelegentlich hören. Sie wird sich immer wieder mal über alle möglichen Männer beschweren, da sie aber keine Anstalten macht, auszubrechen oder etwas zu ändern, wirst du den Eindruck gewinnen, daß all dies das ist, was man „ein normales Leben" nennt. Und wer bist du, aus einem normalen Leben auszubrechen?

Es wird aber einen Punkt im Leben geben, wo sich die Frau mit dem starken Vater, die Frau mit den Brüdern und die ganz andere Frau, die wild und frei aufwächst und macht, was sie will (o ja, die gibts), treffen. Diesen Punkt bezeichnet die Feministin und scharfzüngige Anwältin Dr. Barbelies Wiegmann aus Bonn so: Der Knackpunkt ist, wenn Kinder kommen. Da zieht die Frau den kürzeren, egal, was sie studiert, gelernt, erworben hat.

Kannst du mir folgen? Beste Voraussetzungen dafür, daß du nicht über-mütig wirst, keine Flausen im Kopf hast, nicht zu hoch hinaus willst, nicht zu ehrgeizig bist (und schau mal, wie verbissen all die ehrgeizigen Frauen aussehen, die so an ihrer Karriere basteln. Macht macht Frauen nicht schöner, stimmt doch, oder!) – beste Voraussetzungen also dafür, daß du auf dem Platz bleibst, der von der Jury der letzten zweitausend Jahre für Frauen festgelegt wurde, sind:

- du hast einen starken Vater, und die Mutter hat mindestens einmal im Monat (erraten: Menstruation) Putzfimmel und hysterische Zustände;
- du hast einen oder mehrere Brüder;
- du heiratest einen erfolgreichen Mann.

Und wenn du das alles schon nicht korrigieren kannst, so kannst du den entscheidenden Punkt auf jeden Fall hinkriegen:

- du kriegst ein Kind und träumst davon, es in einer liebevollen Familienatmosphäre großzuziehen.

Merke: Harmonie entsteht hierzulande durch Anpassung bis zur Selbstaufgabe. Merke: Kinder brauchen Harmonie. Merke: Wer wird sich wohl anpassen in harmonischen Beziehungen?

Meine Tanten, die wenigen, die geheiratet hatten, pflegten stets zu sagen: Die kluge Frau regiert aus dem Hinterhalt. Sie hat den Mann in der Hand, und er merkt es nicht. Denn: Die kluge Frau läßt den Mann nicht merken, daß sie die Fäden zieht. Der Mann meiner Tante war Atomphysiker. Ich glaube, die Fäden reichten nicht bis zum Atomei von Garching. Aber wir wollen nicht allzu weit abschweifen. Wenn du Sehnsucht bekommst, die Welt zu verändern, greif zur Tageszeitung. Denn da steht zwar nicht drin, wer die Welt zerstört, aber sehr wohl, wer sie nun retten wird: die Männer. Schau dir die Programme von den Weltrettungs-Kongressen, von den spirituellen und hochgeistigen Tagungen an, und du wirst mit einiger Verblüffung feststellen, daß die Männer auch über Frauen viel besser Bescheid wissen als die Frauen selbst. Während sie nicht zögern zu sagen, was eine Frau ist und wie sie tickt und was sie braucht und was man an ihr besser machen könnte, einschließlich Genmanipulation, wirst du in den Hinterzimmern der Frauenbewegung ein endloses Rätselraten darüber vernehmen, was weiblich ist, was frau damit machen kann und wie sie alles so hinkriegen könnte, daß niemand verärgert wird.

So.

Ich will dich nicht langweilen. Sollte dir jeden Morgen beim Zeitunglesen zum Frühstück die blanke Galle hochkommen, und solltest du finden, daß es verdammt noch mal Zeit wäre, daß Frauen ihren Anteil übernehmen und damit die Verantwortung, solltest du dir dreimal täglich wünschen, daß Männer fassungslos in Erstarrung fallen angesichts der Verwüstung, die sie angerichtet haben, und angesichts der professionellen Geschwindigkeit, mit der sie alles vertuschen und zu glätten versuchen und hier und da ein bißchen hinzurichten für die Optik, dann atme tief durch, beruhige dich, bitte deinen Körper um eine körpereigene Dosis Morphium (indem du einen Dauerlauf machst oder ein paar Tage hungerst) und bitte um Ruhe. Du wirst ohnehin von allen Seiten zu hören bekommen, daß es besser wäre, du kämst zur Ruhe. Denn du bist bald soweit, daß man dich einliefern muß. Man wird dir klarmachen, daß du hysterisch bist, daß du früher viel lustiger und ausgeglichener warst, daß du patzig, daß du nicht sachlich bist, daß du immer gleich bei allem ausflippst, daß du nicht in der Lage bist, einer komplizierten Diskussion zu folgen, daß du immer das Falsche zum falschen Zeitpunkt sagst und so weiter... Du weißt schon, was ich meine.

Du könntest auch zur Anpassungs-Therapie gehen. Nach einem Kopfschuß ist das die zweitbeste Möglichkeit: Laß dich an die gesellschaftlichen Bedingungen adaptieren. Wähle eine Therapieform, die geeignet ist, dir den Widerwillen an der Gesellschaft zu nehmen, deine Grenzen klarzumachen, deine Kindheit zu erleuchten und schließlich mit allem Frieden zu schließen. Wenn du Familie hast, geh am besten morgens zur Therapie, da stört's weder die Schulkinder noch den arbeitenden Mann, wenn du danach ein bißchen heulst und das Gefühl hast, daß du ganz schön in der Scheiße sitzt. Nach dem Mittagessen setzt die Verdauungsmüdigkeit ein, und danach sieht alles schon anders aus. Denn, mal ehrlich, dein Mann ist nicht schlimmer als andere Männer, im Gegenteil. Naja, die paar Fehler, die er hat. Jeder hat Fehler, sei nicht so engstirnig. Und was ist mit deinen Hoffnungen, mit dieser ungenannten Sehnsucht, die in dir brennt? Pubertätsträume! Du wärst nie eine berühmte Malerin oder Schriftstellerin geworden. Schließlich kann nicht jede ganz groß rauskommen. Aber... Nein, so hat das keinen Sinn. Such dir eine sinnvolle Halbtagsbeschäftigung. Du kannst auch in die Politik gehen, denn da kannst du Großes leisten, um deine Mitkämpfer zu unterstützen. Sei nur nicht zu ambitioniert. Denk an Petra

Kellys Augenringe, und denk auch daran, wie man Jutta Ditfurth fertigmacht. Das ist nichts für dich. Deine wirkliche Kraft ist, andere aus dem Hintergrund zu unterstützen und nicht seltsame sektiererische Vorschläge zu machen oder gar die ganze Struktur in Frage zu stellen. Da hört – wie du ja weißt – auch bei den Grünen, bei den Linken, bei den Genossen, ja, eigentlich überall, der Spaß auf. Und mit Recht. Denn wenn die Frauen anfangen, die Welt nach ihrem Bild, nach ihrer Vision zu verändern, bleibt ja kein Stein auf dem anderen, und die Wildnis fängt wieder an, überall hineinzuwuchern.

Darum also lies dieses Buch und laß dir klarmachen, wie man diese Unruhe glättet, wie die innere Zufriedenheit wiederhergestellt wird. Es sind ein paar kleine Tips, nichts Besonderes. Jede Frau kennt sie. Jede Frau gibt sie der nächsten weiter, und darum funktionieren sie ja auch so gut. Wenn ich dir einen guten Rat geben darf... so werden diese Überlebenstechniken meistens gesprächsweise eingeführt.

Also: Wenn ich dir einen kleinen Tip geben darf, lies, schluck, sei ruhig und denk dran, du bist nur eine einzelne und kannst nichts ausrichten. Spiele niemals das uralte chinesische, von den Japanern veredelte Go-Spiel. Denn da lernst du etwas über: sich von der Inneren Kraft ausbreiten und immer in Kontakt mit dieser Kraft bleiben, um so zu überleben und Gebiete zu gewinnen. Triff dich nicht allzu oft mit Frauen, die gut drauf sind. Gib lieber deine Solidarität notleidenden Frauen. Arme Frauen sind gut, glückliche, lustvolle Frauen sind tabu, sie machen dich nur unzufrieden. Und dein Mann sieht es bestimmt nicht gern, wenn du immer mit so einer Frau zusammensteckst, die offenbar keinen Mann zum täglichen Leben hat/braucht. Ärgere ihn nicht. Spende für dies und das. Du kannst natürlich auch für Frauenhäuser spenden, aber engagiere dich nicht allzu sehr in dieser Richtung, das trübt nur dein Allgemeinbild von Männern und läßt dich unkontrollierte Aggressionsschübe gegen Männer an sich und den Penis im besonderen entwickeln.

Und was sollte dir das schon bringen?

Zweifle nicht daran, daß die Männer diese Erde schon retten werden, denn sonst mußt du anfangen, das zu tun, was die wildgewordene Haus-Frau in dir fordert. Gehen wir also die Punkte durch, wo du gefährdet bist, die Harmonie aufzugeben. Wenn du sie kennst, kannst du darauf reagieren.

Aus meinem Briefkasten

Liebe Luisa Francia,

... Jetzt wage ich es endlich mal, Ihnen zu schreiben. Vor fünf Jahren hat mich mein Mann verlassen. Ich wollte nicht mehr leben. Aber da traf ich Dietmar. Zuerst ging alles gut, aber dann fing er an, mich zu schlagen. Obwohl es mir wahnsinnig weh tut, kann ich nicht böse auf ihn sein. Er hatte so eine harte Kindheit. Mit sieben mußte er schon für seine Mutter einkaufen und sogar gelegentlich mittags den Tisch abräumen. Er wurde ständig von seiner Mutter herumkommandiert, und seine Schwestern lachten ihn wegen jeder Kleinigkeit aus. Dadurch hat er einen Aggressions-Stau aufgebaut, den er jetzt endlich bei mir freisetzen kann. Wie kann ich ihm helfen?

Antwort: Gar nicht, er hilft sich ja bereits selbst. Kaufen Sie ihm einen stabilen Teppichklopfer.

... Ausgerechnet der Freund meines Mannes vergewaltigte mich nach einem Tanzabend im Geschäft von Heinz, meinem Mann. Mein Mann glaubt mir kein Wort und hält zu Gerhard. Vielmehr behauptet er, ich hätte Gerhard verführt und sei eine miese kleine Hure. Als ich mit zerrissenem Kleid und blauen Flecken überall zu ihm flüchtete, haute er mir eine runter und schrie: Wie kommst denn du daher, du Schlampe. Ich weiß mir keinen Rat.

Antwort: Da hilft nur noch eins. Geben Sie Ihrem Mann einen kräftigen Ratschlag, wenden Sie sich an den Frauennotruf, machen Sie einen Wen-Do-Grundkurs.

... Ich war mit meinem Mann so glücklich, ehrlich. Wir hatten nie Streit, über dreißig Jahre lang trennten wir uns keinen Tag und keine Nacht. Wissen Sie, mein Mann wäre auch gar nicht fähig gewesen, ohne mich zu überleben. Der konnte sich ja nicht einmal ein Ei in die Pfanne hauen. Aber stellen Sie sich vor: Obwohl ich jede Nacht meinen Mann so vermisse, er ist vor zwei Jahren plötzlich gestorben, habe ich etwas Seltsames bemerkt. Die Migräne, die ich dreißig Jahre lang in schwerster Form erleiden mußte, ist wie weggeblasen, seit mein Mann tot ist. Was sagen Sie dazu?

Antwort: Herzliches Beileid!

... Ich finde es einfach nicht richtig, daß Sie immer die Männer ausschließen. Die Schöpfung besteht nun mal aus Männern und Frauen gemeinsam.

Antwort: Sagen Sie das mal den Männern!

... Als ich fast am Ende war, fand ich meinen Weg zu den Sufis. Einmal im Jahr gehe ich mit ihnen meditieren, und der Meister ist wirklich wundervoll. Er hat mir meinen Seelenfrieden wiedergegeben. Wir bauen einen Tempel aus dem Licht seiner Aura...

Antwort: Und wann sind Sie ganz am Ende?

Liebes Schneewittchen,

ist dir nie die Idee gekommen, daß der Zauberspiegel nicht etwa die Schönheit, sondern die weibliche Macht reflektiert und daß deine Stiefmutter einen Initiationsweg für dich vorbereitet hat, um deine Macht zu testen? Ich gebe zu, daß alles ein bißchen schiefgelaufen ist. Sieben Zwergen einen Haushalt zu führen, geht ja noch, aber daß du deine Stiefmutter, die mächtige Zauberin, dreimal nicht erkannt und lieber in einem Glassarg gelegen hast, ehe du deine Macht und deine Verantwortung übernehmen wolltest, das finde ich schon seltsam. Mittlerweile ist ja klar, daß du keinesfalls tot warst und von einem Prinzen erweckt wurdest, sondern daß du in tiefer Trance lagst, aber leider keiner von all diesen Zwergen in der Lage war, die Bedeutung der Situation zu erkennen, so daß es schließlich zu diesem Mißgeschick kam: Der Prinz sah dich, verliebte sich in deine Reglosigkeit und ließ dich fortschleppen, du erwachtest und warst nicht mehr bei dir. Ich hoffe, daß dir der Ablauf der Ereignisse durch meinen Brief etwas klarer wird. Laß dich scheiden und nimm endlich dein Erbe an.

Liebes Dornröschen,

wie konnte das nur passieren? Da war doch eine Mutter, die noch etwas von Tafelsilber verstand, die noch 13 Teller auf den Tisch und 13 Monde in den Kalender brachte. Sie kannte sogar noch den alten Trick, sich von einer dicken Kröte befruchten zu lassen. Aber da war auch Daddy. Er stand auf Gold, da reichte es nur zu 12 Tellern – und zu 12 Feen.

Als die dreizehnte kam, du hättest das eigentlich sofort wissen müssen, bekamst du dein wichtigstes Geschenk: Sie lehrte dich das Träumen in einem Augenblick, da du zur Frau wurdest. Aber was hast du getan? Anstatt dein Leben in Bildern zu träumen und nach 100 Jahren voller Traumkraft aufzuwachen, läßt du dich von einem Prinzen wachküssen und gehst den Weg aller sterblichen Frauen. Hättest du doch dem Küchenjungen eine runtergehauen oder wenigstens dem Koch oder, besser noch, deinem Vater... Und ist dir nie der Gedanke gekommen, daß die Verwandlung der dornigen Rosenhecke, die das Blut rief, in einen Schnittblumenhag eine ähnliche Wirkung hatte wie die Entschärfung der Menstruation durch die Pille? Wach auf, Baby.

Test 1

Wen findest du wichtiger:

1. Den Bundespräsidenten
2. Mutter Theresa
3. Gorbi
4. Die Anonyme Sozialhelferin/Altenpflegerin
5. Deine Freundin
6. Deinen Vater
7. Deinen Mann
8. Die Göttin Kali
9. Den Papst
10. Dich selbst.

(Auflösung am Ende des 1. Kapitels)

1

Ich bin nichts wert. Das habe ich gar nicht verdient. Solange mir nicht jemand mit Kompetenz (ein Mann) sagt, wer ich bin, bin ich nichts. Und weil das bei mir so ist, haben die anderen Frauen auch nichts Besseres verdient.

Weißt du, ich habe nicht einmal eine abgeschlossene Schul- und Berufsausbildung. Ich bin von der Schule gegangen, noch ehe mich der Abiturstreß erreicht hat. Natürlich habe ich alle möglichen Ausbildungen angefangen und irgendwie zu Ende gebracht, irgendwie halt. Mir fehlt zu allem das Diplom. Da war es schon sehr nett von K., daß er mir diesen Job gegeben hat. Ein Traumjob. Redaktionsassistentin. Ich durfte alles machen. Zwar war ich ca. 14 Stunden in der Redaktion, und wenn alle anderen heimgingen, hatte ich meistens noch Bildunterschriften zu schreiben, die Leserbriefecke zu bearbeiten bzw. die Horoskope, irgendwer muß die ja auch machen. Ganz zu schweigen von den Manuskripten, die eingesandt worden waren und die irgend jemand zurückschicken mußte. Mit freundlichen Grüßen. K. blieb manchmal noch ein bißchen länger. Er nuckelte an seiner Whiskyflasche und erzählte. War interessant. Ich meine, der Mann hat soviel erlebt und erfahren, ich hörte ihm einfach gern zu. Wenn er dann ging, dauerte es zwar noch mal zwei Stunden, bis ich fertig war, aber das nahm ich gern auf mich, denn schließlich mußte ich ja froh sein, daß ich all diese Erfahrungen machen durfte.

Meine Freundin ist Hospitantin an einem Theater. Sie

arbeitet ganz umsonst. Unmöglich findest du das? Wieso denn? Sie hat die einmalige Chance, nach ihrem Studium einen Platz im Theater zu erobern. Klar, sie macht das jetzt schon zwei Jahre, und wenn ihre Eltern nicht blechen würden, könnte sie sich gar nicht leisten, von morgens neun bis nachts um elf unbezahlt zu arbeiten, aber es hilft ihr garantiert in ihrem Job. Sie sagt zwar, daß alle männlichen Hospitanten und Assistenten, mit denen sie angefangen hat, mittlerweile schon eigene Regiearbeiten und kleine Inszenierungen gemacht haben, aber du mußt das auch sehen, Frauen sind einfach nicht so genial. Sie sind oft so hausbacken, so nah an der Realität und bringen einfach die Abstraktion nicht, die am Theater so gut kommt. So gesehen kann sie echt was lernen, sogar von den anderen Hospitanten.

Eine andere Freundin wollte ein Kochbuch schreiben. Sie kocht nämlich leidenschaftlich gern, und ich finde, sie kocht ausgezeichnet. Sie ist überhaupt im Grunde ein Genie. Sie hat den Swimmingpool selber verputzt und den Speicher ausgebaut, sie legt Dachziegeln und näht ihre Klamotten selber. Aber sie findet, sie kann überhaupt nichts. Bloß wenn ihr Mann sagt: Du, das hast du echt toll hingekriegt, dann strahlt sie. Er ist halt die Autorität im Haus. Sie beklagt sich zwar, daß er ihr nicht hilft, oder viel zuwenig, weißt du, sie hat drei Kinder, und er ist eigentlich die ganze Zeit weg, aber sie blüht auf, wenn er sie lobt. Überhaupt ihr Mann. Er kocht auch leidenschaftlich gern, aber selten halt. Er ist ja nie da. Jetzt haben sie sich entschlossen, daß er das Kochbuch schreibt, er ist nämlich in der Werbebranche und kann sich viel besser ausdrücken als sie, die ja kaum aus dem Haus kommt. Wie ging noch mal diese Götterspeise? fragt er dann abends zerstreut, und sie diktiert's ihm. Er kann nicht so gut tippen wie sie, deshalb haben sie beschlossen, daß er das Buch skizziert, und sie schreibt's dann ab. Du weißt ja selber die Einzelheiten, sagt er ihr, wenn er keine Lust mehr hat. Dann macht sie allein weiter. Das Buch ist jetzt fertig. Ach, weißt du, sagt sie, im Grunde ist es ja meine Arbeit. Aber ich hätte mich eh nie getraut, damit an die Öffentlichkeit zu gehen, und er hat mehr Connections. Er hat auch gesagt, ich blamiere mich mit meinen Formulierungen, „wie im Schulaufsatz", sagt er.

Ich denke, vielen Frauen geht's so. Sie erkennen, daß das, was sie können und wissen, einfach nirgendwohin reicht. Ja, könntest du jetzt sagen, das ist doch bei den Männern ganz das gleiche. Mag sein. Aber ich habe Männer getroffen, du glaubst es nicht, die konnten ihren eigenen Namen kaum schreiben und waren Chefarzt, die konnten Billy Joel nicht von Billie Holiday unterscheiden und waren Musikredakteure, die hatten keine Ahnung, was sie als nächstes tun sollten, aber sie waren Abteilungsleiter. Ich sag dir, warum das funktioniert: Weil sie Sekretärinnen und Zulieferinnen haben. Wenn sie heimgehen, baut die Frau sie auf. Wenn sie sich einsam, verlassen und mies fühlen, stellen sie sich mit einem Bier an die Musikbox, und schon kommen ein paar Frauen, die sie wieder munter machen. Denn wie schon ein alter Freund sagte, als ich ihn fragte, was in seinem melancholischen Kopf vorging, als er so vor sich hinstarrte, NICHTS, sagte er. Und es stimmte. Während ich plante, für nächste Woche, für den Kindergarten, für den Job, für die Übersetzung, die ich an Land gezogen hatte, machte er seinen Job, und in seinem Kopf ging nichts vor.

Ich habe immer darauf gewartet, daß mir ein Mann das sagt, was ich von mir selbst fühle und denke: Du bist toll. Es ist wirklich eine großartige Leistung, wie du dein Kind locker aufwachsen läßt, daneben arbeitest und auch noch Ideen für Bücher entwickelst. Später habe ich die Kinder meiner männlichen Freunde auch noch betreut – ach, entschuldige, ich muß schnell die Wäsche abhängen, ist zwar nicht meine, aber wenn ich's nicht mache... Also, jedenfalls nicht einmal dann sagte mir mal einer, wie super er mich findet und wie er mich bewundert.

Ist doch klar, daß mich das ärgert. Dann sollen aber auch die anderen Schnepfen nicht so arrogant tun und ihre Ego-Trips durchziehen. Meine Güte, was bilden die sich ein, wenn sie mal in einer Talkshow sitzen oder bei einer politischen Veranstaltung reden. Das fällt doch nicht ins Gewicht. Du hörst ja, wie die Männer über sie reden: ehrgeizige Ziege. Schau nur, wie verhärtet ihr Gesicht ist. Die hat doch von dem Job keine Ahnung.

Es wird immer wieder so Frauen geben, die glauben, sie könnten rotzfrech alle Instanzen überspringen – und gar noch ohne die einflußreichen Männer durch ihr Bett zu schleusen! –, aber glaub mir, diese Frauen sind einfach nur lächerlich. In Wirklichkeit sind sie unsicher, schüchtern, kommen mit ihrem Leben nicht zurecht, oder sie haben ein übertriebenes Selbstbewußtsein und denken sogar, sie wären was Besseres. Du und ich, wir wissen ja, daß Frauen eben nicht ganz so toll, nicht ganz so kompetent, nicht ganz so interessant sind wie Männer.

So richtig rund wird eine Sache erst, wenn dir ein Mann die Hand drückt und sagt: tolle Leistung. Echt. Findest du nicht? Eine Freundin, die Tanzworkshops macht, ist erst zufrieden, wenn sie mindestens fünf Männer in der Gruppe hat. Sonst denkt sie, sie hat was falsch gemacht. Sie feilt so lange an ihrem Programm, bis es die Männer reizt, und ich finde, sie hat recht: Eine Gruppe, in der nur Frauen sind, iih, da wird die ganze Zeit gelacht und geblödelt, und rauskommen tut nichts. Den richtigen Durchblick haben letztlich halt doch nur die Männer, und deshalb rate ich dir: Arbeite hart an dir. Sei dir klar, daß deine Gedanken noch lange nicht genial sind. Ach, wie komme ich auf das Wort, das muß dieses blöde Buch von Gertrude Stein mir in den Kopf geblasen haben. Die behauptete von sich doch glatt, sie sei ein Genie. Lies nichts von ihr! Sie schreibt völlig wahnsinnig. Du würdest das in keinem Männerbuch finden, so ein weiblicher Wortsalat, wo du dir die Welt in jedem Satz neu schöpfen mußt. Sie hat nicht nur nicht gewartet, bis ihr ein Mann bestätigt, daß sie ein Genie ist, sie hat sogar Künstler gefördert. Das finde ich schon ein bißchen eingebildet, oder?

Nimm dir Zelda Fitzgerald zum Beispiel. Ihr Mann hat ihr klipp und klar gesagt, daß sie selber nichts kann und nichts ist. Sie wollte eigentlich Ballettänzerin werden, aber ihr Mann hat gleich gewußt, daß daraus nichts wird. Du bleibst doch immer 2. Garnitur. Hat er gesagt. Und dann hat er ihre Tagebücher genommen und in seinen Büchern verarbeitet. Die Tagebücher an sich sind natürlich nichts wert, aber durch seine Bearbeitung wurden sie zu hoher Literatur. Da kannst du mal sehen, wie aus einem Nichts von Frau doch noch etwas Nützliches entsteht. Durch die veredelnde Arbeit des Mannes. James Joyce hat das ja auch getan. Er ist jetzt nicht so ein gutes Beispiel für mich, denn er hat die Tagebücher und Briefe seiner Frau Nora ja so übernommen, wie sie sie geschrieben hat, ohne Punkt und Komma. Wörtlich. Da haben die Kritiker geschrieben, wie genial das ist, so ohne Punkt und Komma zu schreiben. Aber seien wir ehrlich. So in ein Tagebuch zu schreiben oder so einen Brief zu schreiben ist ja keine Leistung. Das tun wir doch alle irgendwie. Aber die geniale Idee zu haben, daraus Weltliteratur zu machen – das isses. Darauf würde eine Frau nie kommen. Nimm dir ein Beispiel an Sylvia Plath. Sie hat sofort erkannt, daß sie ihrem Mann das Wasser nicht reichen kann. Er ist ein berühmter Dichter, er heißt Hughes oder so ähnlich. Sie hat ihre Kreativität zu seinen Gunsten zurückgenommen, hat die Kinder aufgezogen. Meine Güte, daß sie depressiv wurde, das ist ihr persönliches Problem. Sie hat jedenfalls in der Öffentlichkeit nie einen Zweifel daran gelassen, daß er das Genie in der Familie ist und sie halt an sich arbeitet. So ist es auch richtig.

Warte, bis dich ein Mann entdeckt, du hast ja Zeit. Sei nicht zu eingebildet, das kommt nicht gut an, und nachher stehst du mit deinem halbausgegorenen Zeugs im Regen. Und schau dir die anderen Frauen besonders kritisch an. Miß sie mit den Maßstäben der Männer, besser: noch schärfer, dann siehst du schon, was übrig bleibt. Denn überleg mal: Wo kommst du her, und was hat dein Mann/dein Freund/dein Vater aus dir gemacht? Was verdankst du ihnen? Merk dir eins: Frauen müssen sich alles erarbeiten und erdienen. Das ist nun mal so. Du bekommst nichts geschenkt. Du mußt leisten, zuliefern, Energie reinpowern, sonst kommt auch nichts zurück. Oder hast du gedacht, du bist so toll, daß du einfach was geschenkt bekommst?

Auflösung von TEST 1

Antwort 1,2,3 und 9: Meine Güte, bist du langweilig. Trainiere noch härter, dann kannst du vielleicht in die engelsgleichen Höhen der Mutter Theresa aufsteigen. Vergiß aber nicht, das Fernsehen zu rufen, wenn du bis zum Hals im Elend sitzt, denn ich glaube, ganz ohne Public Relations hält das nicht mal Mutter Theresa durch.

Antwort 5 siehe Kapitel 3.

Antwort 6 und 7 ist natürlich im Sinne dieses Buches richtig.

Antwort 8: Hätt' ich dir gar nicht zugetraut. Vergiß nicht, die gute Frau hat eine Kette aus Männerköpfen um ihren Hals. Laß Vati das nicht wissen!

Antwort 4: Ja, ja ja, gähn. Die tapferen Frauen an der unbekannten Front des Lebens. Geh hin und tue desgleichen oder noch besser: Fahr mal in Urlaub, du bist überspannt, du mußt dringend ausspannen. Und was hat das Ganze mit Selbstwertgefühl zu tun?

Antwort 10 ist richtig. Denn ob du es einsiehst oder nicht, ob du es zugibst/zugeben darfst oder nicht: Dein Leben kreist um dich selbst. Wenn das mal nicht mehr so ist, hört dein Herz logischerweise auf zu schlagen. Dein Körper ist realistischer als du selber, denn obwohl du denkst, du bist nichts wert, hält er einen komplizierten Organismus in Gang, den du dir gar nicht leisten könntest, wenn du ihn kaufen müßtest. Gib deinem Körper ein paar Streicheleinheiten. Er hat's verdient.

Test 2

1. Ich hab's eigentlich ganz gut.
2. Mein Leben ist nicht schlimmer als das anderer Frauen.
3. Ich bin eine arme Sau.
4. Ich fühle, daß ich's besser haben könnte, weiß aber nicht, wie ich's anstellen soll.
5. Mir geht's hauptsächlich schlecht.
6. Mir geht's hauptsächlich gut.
7. Ich lache eigentlich mehr aus Angst als aus Freude.
8. Ich lache selten.
9. Ich habe mich noch nie vor Lachen bepißt.
10. ... (deine eigene Definition)

(Auflösung am Ende des 2. Kapitels)

2

Frisiere deine Emotions-Bilanz.

Ich stehe morgens um sechs auf, sagt S., dann mache ich Frühstück für alle. Irgendwo fliegt ein Knopf weg, der muß angenäht werden, dann muß ich noch die Hausaufgaben überprüfen. (Hättest du auch gestern machen können, sagt ihr Mann.) Er trinkt Kaffee, der Sohn Kakao, die Tochter Tee, und sie selbst kommt eh noch nicht zum Frühstücken.

Dann sind alle weg, sagt sie, dann setz' ich mich hin, zünde mir eine Zigarette an und trinke eine Tasse Kaffee, da ruft er an und sagt, er hat die wichtigste Mappe vergessen und wie konnte ihm das passieren. Jedenfalls, ich wollte ja sowieso in die Stadt fahren, also nehm' ich die Mappe und bring' sie ihm. Weil du schon da bist, sagt er, könntest du nicht... So geht das weiter. Ich hab' seit drei Monaten ein Buch zu Hause rumliegen, meinst du, ich käme zum Lesen? Nachmittags geht der Streß nach der Schule los, die Kleine muß zum Zahnarzt, die Lehrerin will mich sprechen, weil der Älteste frech war. Dann ist Flötenstunde, dann raufen die beiden Buben wieder. Meine Mutter ruft an und beschwert sich, daß ich nie vorbeischaue und ob ich mir so ein gutes Verhältnis zu meiner Mutter vorstelle und übrigens muß sie am Samstag zur Bahn gebracht werden und dann muß ich zwei Wochen lang ihre Blumen gießen. Ich könnte heulen. Ich könnte durchdrehen.

Aber weißt du, verglichen mit Doris hab ich's ja noch Zucker, du ahnst ja nicht, was die für ein Schicksal hat.

O doch. Ich ahne es. Es scheint so zu sein wie das der meisten Frauen um mich her, die Kinder oder Familien haben. Dein Schicksal ist wahrscheinlich ähnlich. Du bist völlig überlastet, manchmal, wenn du endlich allein bist, brichst du heulend zusammen. Dann schämst du dich, wischst dir das Gesicht und denkst: Ich hab's doch noch gut, verglichen mit... Und außerdem, worüber beschwerst du dich? Du hast einen gesunden (netten, akzeptablen usw.) Mann, du hast Kinder, du bist nicht allein, oder wenn du allein bist, bist du wenigstens nicht obdachlos, bist gesund, und wenn du gesund auch nicht bist, dann hast du wenigstens ein einigermaßen gesichertes Einkommen. Und jetzt sag mir nur nicht, du bist obdachlos, so viel Pech gibt's ja gar nicht auf einmal. Jedenfalls wirst du mir recht geben, daß du es noch ganz gut erwischt hast, wenn man bedenkt, wie schlecht es einem gehen kann. Warum würdest du auch sonst bei ihm bleiben? Warum würdest du diese Situation weiter aushalten, in der du lebst? Weil du insgeheim weißt, daß es genau das Leben ist, das du leben willst. Nein, weil du insgeheim weißt, daß es halt das Leben ist, das du leben mußt. Auch nicht. Weil du weißt, daß es schlechter sein könnte. Schlimmer. Du könntest arm, allein, einsam auf der Straße stehen. Und damit tröstest du dich, wenn du dich ausgebeutet, verletzt, mißachtet, mißbraucht, benutzt, ausgelaugt fühlst.

Du denkst ans Müttergenesungswerk, für das wir früher in der Schule gesammelt haben. Welche Mütter sind das, die verschickt werden, in Erholung gezwungen? Die müssen ja ganz schön fertig sein. Nicht so gut dran wie du, die du ja alles ganz ordentlich hinkriegst. Oder?

Fang gar nicht erst an, deine Gefühle festzuhalten oder gar ein Tagebuch über die Ereignisse deines Lebens zu führen. Was sollte schon dabei herauskommen? Vielleicht würdest du merken, daß deine Stimmungen mehr und mehr negativ sind, daß die Situation, von der du geträumt hast, immer weiter wegrückt und daß du statt dessen die Hölle hast. Was ist „die Hölle"? Es gibt Frauen, die die Hölle nicht erst bei körperlicher Mißhandlung und Versklavung ansetzen. Die sagen schon, es ist die Hölle, wenn du kein eigenes Zimmer hast. Virginia Woolf hat darüber ein Buch geschrieben. Das würde ich an deiner Stelle aber nicht lesen (Ein Zimmer für sich allein, heißt es), denn dann kämst du nur ins Grübeln, wieso der Mann einen Hobbyraum, die Kinder ein Zimmer haben, aber du nur die Kochküche hast und Wohnzimmer und Terrasse mit der Familie zusammen oder nicht mal das. Was würdest du auch in einem eigenen Zimmer machen? Du kannst doch eh nichts mit dir anfangen. Und trauere nur nicht den Zeiten nach, als du allein warst. Das würdest du heute gar nicht mehr schaffen. Sei doch froh um deine lebhaften Kinder, deinen netten Mann. Wie oft wirst du um ihn beneidet. Erinnere dich, als er sich mal in eine andere verliebte, wie bedroht du dich gefühlt hast. Was wäre, wenn er nicht mehr da wäre. Was? Er ist ja nie da? Täusch dich nur nicht. Deine Depressionen bringen dich jetzt in eine düstere Stimmung. Du siehst alles so negativ. Eine Ehe ist nun mal kein ständiges Fest? Wie, du erwartest aber, daß du wenigstens glücklich bist? Was soll denn das sentimentale Wort Glück in diesem Zusammenhang, bist du denn nicht glücklich, wenn am Muttertag die Kinder das Frühstück machen und dein Mann einen Blumenstrauß hinstreckt? Nein? Du bist ziemlich anspruchsvoll, muß ich sagen. Warum hast du denn überhaupt geheiratet? Weil du dir alles anders vorgestellt hast? Ja wie denn?

„Ich habe mir vorgestellt", sagt meine Freundin, „daß wir zusammen durch dick und dünn gehen. Daß mein

Mann mich liebt und sich nach mir sehnt, daß es für ihn nichts Eiligeres gibt, als zu mir nach Hause zu kommen. Statt dessen geht er allen Problemen aus dem Weg, er kommt immer später, verschanzt sich hinter seiner Arbeit, und ich verkümmere seelisch."

„Dann verlasse ihn", sage ich eiskalt.

„Wie stellst du dir das vor? Ich liebe ihn doch, ich kann ohne ihn nicht leben. Und wenn ich mir die Ehen in meiner Umgebung so anschaue, weiß ich, daß ich noch ganz gut dran bin. Und wenn ich die Frauen so anschaue, die allein leben..."

„Ja?" sage ich erwartungsvoll, denn ich bin eine von ihnen.

„Dann stelle ich fest, daß sie zwar alle ziemlich angeben, aber sie sind halt doch allein. Am Abend, wenn ich meine Familie um mich habe, sitzen sie mit einer Flasche Wein rum."

„Und lesen", sage ich. „Wie öd. Und wer von deiner Familie sitzt um dich herum?"

„Naja", sagt sie, „die Kinder raufen, und er ist im Büro. Und wenn ich sie endlich im Bett hab', eine rauche und mir ein Weinchen einschenke, dann bin ich der glücklichste Mensch der Welt."

„Hast du's gut", sage ich.

Und dir rate ich: Wenn du mal wieder richtig unzufrieden bist, dann erfreue dich an den kleinen Dingen des Lebens, die für dich schon so selbstverständlich sind. Sei froh, daß du dir selber die Schuhe zubinden kannst, wie viele Leute können sich nicht rühren! Sei froh, daß du Menschen hast, die du umsorgen kannst, auch wenn's dir manchmal auf die Nerven geht. Stell dir vor, du wärst allein auf der Welt! Wirst du nie sein? Du bist schon irgendwie unbelehrbar! Sei froh, daß dich überhaupt noch jemand küßt, denn dein Mann wird dich doch wenigstens ab und zu küssen... Legst du gar keinen Wert mehr drauf? Sammle Ansichtskarten, geh in der Schönheit der Natur auf. Die Freuden des Alltags sind es, die ein Leben reich machen. Wenn du unglücklich bist, liegt es einzig und allein daran, daß du nicht fähig bist, das Schöne, das Heitere, das Glück zu erkennen. Daß du dafür keine Zeit hast, ist nicht die beste Ausrede. Glück ist in der kleinsten Hütte möglich, Schönheit liegt im Detail. Schau dir doch die Reichen in den Villen, die berühmten Frauen, die Stars an. Ja glaubst du denn, die sind glücklich? Lies nur die ganzen Blätter, Frau im Bild, Bild der Frau, Frau im Spiegel und wie sie heißen. Da kannst du doch täglich nachlesen, daß es dir verglichen mit all den kaputten Existenzen der berühmten und reichen Frauen noch Zucker geht! Warte doch nicht immer, daß dir dein Mann was schenkt. Er hat Wichtigeres im Kopf. Schließlich arbeitet er und ist beschäftigt. Beschäftige du dich auch. Verschönere dein Heim, dann geht's dir gleich wieder besser.

Und wenn du glaubst, du lachst zuwenig, schau dir eine der lustigen Sendungen im Fernsehen an. Meine Güte, es wäre so einfach, ein bißchen glücklicher zu sein. Schreibe dir Sprüche an die Wand, die dich ermuntern. Halte nur die schönen Momente fest, die schlechten vergiß einfach. Zu viele? Hm...

Auflösung von TEST 2

Antwort 1 und 2: Ich will dir nicht dreinreden, aber meditiere mal über das Wort eigentlich und zwar möglichst dann, wenn andere gewisse Arbeiten von dir fordern, die eigentlich nicht dein Bier sind. Denn eigentlich... usw.

Und was 2. betrifft: Du kannst sicher sein, daß es immer eine Frau gibt, der es noch schlechter geht als dir. Orientiere dich notfalls an historischen oder an Romanfiguren.

Zu 3: Du bist erfrischend ehrlich, aber bemitleide dich jetzt bloß nicht.

4: Das Wort, das du jetzt lernen wirst, hat vier Buchstaben, es ist eins der schmutzigen Wörter. Es heißt NEIN!

Zu 5 und 6: Solch blöde Formulierungen solltest du dir überhaupt nicht unterschieben lassen.

7: Da kenne ich viele. Sie lächeln, obwohl sie eigentlich weinen oder schreien müßten. Die Folge: Sie kauen nachts auf ihren Zähnen rum, sagt mein Zahnarzt. Sie haben verkrampfte Kiefer, und manchmal, in einem lichten Moment, drehen sie sogar durch.

8: Ist richtig, du hast ja auch nichts zu lachen.

9: Schade. Erinnerst du dich nicht an die Skilager mit der Schule, an die Nachmittage mit den Freundinnen oder an letzten Donnerstag bei mir?

10: Du wirst übermütig.

TEST 3

Was paßt nicht in diese Reihe?

Vulkan
Depression
Aggression
Bügeleisen
Fernseher
Wirbelsturm
Jammern

(Auflösung am Ende des 3. Kapitels)

3

Öffne lieber das Jammerventil und laß die lästige Energie, die überschüssige Kraft ab, anstatt konsequent nach Lösungen zu suchen bzw. herauszufinden, was du wirklich willst.

Wir sind jetzt an dem schwierigen Punkt angekommen, wo dir klar ist, daß deine Situation nicht so rosig ist, wie du sie oft darstellst. Du stehst so sehr unter Druck, daß du sogar gelegentlich an Selbstmord gedacht hast. Dein Hausarzt wird verständnisvoll genug sein, dir ein Beruhigungsmittel zu verschreiben, und auch dein Mann oder deine Umgebung wird dir sagen, wie wichtig es ist, daß du dich beruhigst. Vielleicht kennst du das Phänomen aus der Natur, wenn eine Kraft zu stark wird, braucht sie ein Ventil, sonst bricht der Damm, sonst überflutet das Wasser alles, sonst schlägt der Blitz ins Haus ein, sonst fängst du an zu schreien und zu toben und durchzudrehen. Sonst zerschlägst du deine Wohnungseinrichtung. Sonst beschimpfst du deinen Mann und deine Kinder, die du doch so sehr liebst, auch wenn sie dich noch so nerven und ausnutzen. Sonst schmeißt du alles hin und haust ab. Sonst denkst du gar mit fünfzig noch dran, dir eine neue Existenz aufzubauen. Sonst fängst du dein Leben noch mal ganz von vorn an.

Also, damit dir das nicht passiert, mußt du wissen, wie du diese lästige überschüssige Energie ableiten kannst, so daß sie deine sichere Existenz nicht gefährdet, nicht das gemeinsame Geschäft, das gemeinsame Haus, die gemeinsamen Kinder, den gemeinsamen Urlaub, das gemeinsame Ferienhaus, das gemeinsame Konto in Frage stellt.

An einen Mann hinzujammern, hat wenig Sinn. Männer hören so was nicht gern. Das nimmt den Zauber von den Frauen, das raubt ihnen das Geheimnis. Frauen sollen mystisch und geheimnisvoll sein. Wenn dir das wenig bedeutet, kann ich dir trotzdem versichern, daß du kaum einen Mann finden wirst, an den du öfter als einmal kräftig hinjammern kannst. Männer haben da so einen Überlebensreflex. Sie flüchten.

Wenig Reiz hat es auch, an Kinder, vor allem halbwüchsige, jammernd zu appellieren. Sie können unglaublich brutal sein. „Du bist doch selber schuld", knallen sie dir hin. „Warum läßt du dich auch so ausnutzen."

„Vielleicht hilft es dir", sagte die Tochter einer befreundeten Lesbe zu deren jammernder Freundin, „wenn du mal mit einem Mann schläfst."

„Du brauchst mir jetzt nicht vorzuwerfen, wieviel du für mich geopfert hast", sagte der Sohn einer Freundin, „meinetwegen mußtest du das nicht tun. Ich wollte sowieso mit zehn abhauen."

Also Dank und Zuwendung wirst du von Kindern kaum ernten, wenn es dir richtig dreckig geht, und vermutlich haben sie ja recht, du hast einfach zu lange gewartet, und jetzt kommt alles ungefiltert und unsortiert aus dir heraus. Vergiß es. Geh zu einer Freundin, denn dazu ist die Freundin da, findest du nicht? Ruf sie nachts um halb zwei an und weine dich aus. Triff dich mit ihr, verabrede dich, schone sie nicht, sie muß sich alles anhören. Nur so kann sie dir wirklich helfen. Schütte ihr dein Herz aus. Ist es nicht wunderbar, wenn du so mit ihr im Café oder bei ihr oder bei dir zu Hause sitzt, eine Tasse Kaffee, einen kleinen Cognac vor dir, und mal so richtig loslegen kannst. Was du im Leben alles verpaßt hast! Was alles Scheiße ist! Wie schlecht es dir geht! Wie gemein ER zu dir ist! (In Lesbenbeziehungen SIE.) Wie verständnislos deine Umgebung auf deine Krankheiten, auf deine Schwächen, auf dein Leid reagiert! Wie mies die ANDERE ist, wie sie sich einschleicht in deine Beziehung! Wie sie deinen schwachen Zustand ausnutzt, um IHN für sich zu gewinnen! Wie falsch sie ist! Sie hat gut reden, denn sie hat nicht am Hals, was du am Hals hast! Wie sie IHN beeinflußt, an ihm zerrt, wie sie die Beziehung, die Ehe, die Familie kaputtmachen will. Sie will ihn dir wegnehmen! Sie klaut ihn! Sie ist hinterhältig, listig, zu allem fähig.

Hat deine Freundin gegähnt? Nein. Das würde sie nie tun. Sie hört zu, bis du mit allem fertig bist (bis es mir wieder aus den Ohren kommt, sagt sie hinterher zur anderen Freundin).

Sie gibt Ratschläge. Sie verweist auf mögliche Alternativen, die du sofort höhnisch verwirfst! Hach! Das würde bei DEM nie klappen! Mit DER geht doch so was nicht.

Die Freundin ist am Ende ihrer Weisheit. Es fällt ihr nichts mehr ein. Du triumphierst! Siehst du! So schlecht wie dir ist es eben noch nie einer anderen Frau gegangen. Das muß man sich mal vorstellen! Sagt er... sage ich drauf... nein, sagt er... aber ich lasse nicht locker. Gib's doch zu, sage ich... Und so weiter.

Hat die Freundin auf die Uhr geschaut? Also, wenn sie das tut, muß ich dir ehrlich sagen, ist sie keine richtige Freundin. Eine richtige Freundin geht mit dir um fünf Uhr morgens dreimal um den Block, bis du dich beruhigt hast und bettschwer wieder auf deine Seite des Ehebetts sinkst. Eine richtige Freundin macht dir keine Vorwürfe, kritisiert dich nicht, sondern unterstützt dich, leiht dir ihre Schulter, die du dann klitschnaß weinst, baut dich wieder auf und schickt dich wieder an die Heimfront, pardon, nach Hause, meine ich. Eine richtige Freundin weiß auch, wie es in einer Ehe, in einer Beziehung zugeht. Sie würde nie auf die gemeine Idee kommen, zu sagen:

„Was soll der Blödsinn, jetzt trenn dich endlich, oder willst du warten, bis er dein ganzes Geld durchgebracht hat/bis du im Irrenhaus gelandet bist/bis er dich verläßt/ bis er dich kurz und klein schlägt/bis deine Kinder von euerer Streiterei einen Dachschaden haben."

Weil wir gerade dabei sind: Eine gute Freundin würde dir NIEMALS raten, deine Kinder zu packen und das Weite zu suchen, wenn das Gute nicht mehr so nah ist, wie es einmal schien. Eine gute Freundin sagt dir, wenn du dich ausgeheult hast: Bleib bei ihm, schon den Kindern zuliebe. Steht es gemeinsam durch. Die Kinder brauchen euch beide. Was sind Kinder ohne Väter (o, Freiheit! aber das sagt eine gute Freundin nicht, das sage nur ich, weil ich weiß, wie angenehm es sein kann, keinen Vater zu haben)!

Also du bist am Ende deines Tränensees. Sie trocknet dich ab, schüttet dir vielleicht ein Valium hinein oder einen Schluck Wein, vielleicht hat sie eine Suppe da, was Warmes kommt immer gut, wenn man so unter Schock steht. Sie versichert dir, daß es ganz das Falsche wäre, an Selbstmord oder drastische Lösungen zu denken. Ihr Mann taucht auf, sie flüstert ein paar Worte mit ihm. („Die ist ja völlig durchgedreht", sagt sie vielleicht, aber du hörst es nicht, „ich schau jetzt, daß ich sie loswerde, und dann gehen wir ins Bett, ja?") Der Mann verschwindet stumm angesichts soviel Hysterie.

Sie fährt dich heim/setzt dich ins Taxi/begleitet dich. Sie redet dir Mut zu. Sie sagt: So, und jetzt reiß dich wieder zusammen. Deine Familie braucht dich. Oder: Such dir doch einen Halbtagsjob, dann kommst du nicht soviel zum Nachdenken. Oder: Geh mal zur Kosmetikerin oder zum Friseur, eine äußere Veränderung tut Wunder. Oder: Fahr mal ein paar Tage weg, dann sehen sie schon, wie sehr sie dich brauchen.

All das ist Balsam auf deine wunde Seele. Sie ist eine wirkliche Freundin. Natürlich brauchst du jetzt nicht nachzudenken, ob du sie nicht vielleicht überrollt, gestört, mißbraucht hast. Dazu ist sie da. Dazu bist du auch da, wenn es ihr schlecht geht... Was? Wenn es ihr schlecht geht, hast du meistens keine Lust, ihrem Geheule zuzuhören? Wieso denn nicht? Ich könne mir gar nicht vorstellen, wie die jammern könne, die höre gar nicht mehr auf, und du siehst gar nicht ein, daß du die Müllkippe der Ehen deiner Freundinnen sein sollst? Du bist ein schwieriger Fall. So was muß eine Freundschaft schon aushalten. Denn letztlich geht es drum, daß ihr euch gegenseitig aufrichtet, daß der Konflikt bereinigt durch Tränen, die Probleme beseitigt werden und du frisch verheult, aber irgendwie glücklich wieder nach Hause gehst. Dort schaust du dich um und sagst (siehe Kapitel 3): Eigentlich hab' ich's doch ganz schön... Und denk daran: Laß es nicht zum Bruch kommen! Soll er dich doch schlagen! Soll er/sie dich doch betrügen! Soll er doch arbeitssüchtig seine Freizeit im Büro, im Geschäft oder im Hobbykeller zubringen! Soll er doch Listen über die Fußballergebnisse führen und seine Kartenabende mit Freunden feiern. Immerhin bist du seine Frau! Und du hast eine Freundin, bei der du dich ausheulen kannst!

Auflösung von TEST 3

Falsch. Die richtige Antwort heißt Jammern. Weil es der einzige Vorgang ist, bei dem die Energie, die den Ursprungsschub gibt, nicht konsequent genutzt wird. Vielmehr wird sie erzeugt und abgeleitet. Ein Vorgang, der geschichtlich vor allem Frauen beigebracht und von ihnen zur Perfektion gesteigert wurde.

Das Spiel

I. Zögern bringt dich ins Wanken. Du zweifelst, du weißt nicht wohin. Du bist dem Ziel dieses Buchs von Anfang an sehr nah gewesen.

II. Irgend etwas wird kommen, aber ohne Bewußtsein, ohne jegliches Zeichen von dir kommt auch nichts. Die Spielerin muß einmal aussetzen.

III: Du gehst deinen Weg, er führt von irgendwo nach nirgendwo. Gratuliere, du gehst auf jeden Fall mit dem Trend der Zeit. Du darfst zweimal würfeln.

IV. Ganz schön entspannt. Gib zu, es wäre dir völlig egal, wenn du jetzt noch einmal würfeln dürftest. Was, du hast deinen Würfel verloren? Also wirklich...

V. Du gehst den schwersten und edelsten Weg von allen. Respekt. Spielerin geht zurück zum Anfang, wo du ohnehin noch sitzt! Du darfst nicht noch einmal würfeln, aber du darfst weiter üben, wie du durch Meditation ans Ziel kommst. Nimm dir an Milarepa (tibetischer Heiliger) ein Beispiel. Er war vor seinem Konkurrenten auf dem heiligen Berg Kailas, obwohl er sich aus seiner Höhle niemals fortbewegte. Aber seine Hautfarbe hatte das fahle Grün der Nesseln – setz einmal aus und geh ordentlich essen!

Test 4

Du hast in deinem ganzen Leben noch nie einen Orgasmus gehabt. Wie stehst du dazu?

1. Ich brauche das nicht. Ich erfreue mich an anderen schönen Dingen des Lebens.
2. I can't get no satisfaction. And you try, you try, you try and you try, but I can't get no...
3. Ich suche mir jede Nacht einen anderen Mann. Irgendeiner wird schon mal dabei sein, der meinen Körper gut genug kennt.
4. Ich habe gehört, Frauen hätten von Frauenkörpern viel mehr Ahnung.
5. Ich habe angefangen, mich selbst zu streicheln und zu lieben. Unbeschreiblich...
6. Ich gehe zur kirchlichen/überkonfessionellen Lebensberatung.
7. Ich gehe zur Therapie.
8. Ich probiere es selber aus und lege das Geld, das mich die Therapie gekostet hätte, in einem Lust-Urlaub an.

4

Sex, Lügen und Ent-Täuschungen. Oder: Dem Orgasmus ist es egal, wie du ihn erlangst.

Ich bin der Überzeugung, daß Frauen nicht erst beim ersten Kind scheitern, sondern bereits viel früher. In den guten alten normalen Hetero-Familien wird die Blockade ja bereits angelegt. Den Kampf um die Eigen-Macht verlieren wir nämlich weder auf der Straße noch in Wirtschaft und Politik, sondern im Bett. Der deutsche Volksmund hat sinnigerweise für Bett das Wort „Falle" entdeckt, und so ist es.

Machen wir einen Ausflug ins Tierreich. Warum gehen zum Beispiel Katzen nicht mit Katern ins Bett? Weil Katzen ganz anders drauf sind als wir und somit etwas bewahrt haben, was uns leider immer mehr verloren geht: die rücksichtslose, vorsichtslose, entspannte, gelassene Sinnlichkeit ohne Maß und Ziel. Katzen fressen und geben nichts dafür, sie haben keine Schuldgefühle, sie kommen und gehen, wie sie Lust haben, sie lassen sich kaum je dressieren. Sie leisten nichts für Futter und Streicheleinheiten. Und – jetzt kommt's! – sie sind nur zweimal im Jahr geil, dann allerdings richtig, und dann fliegen auch die Fetzen. Sollte irgendein Kater versuchen, außerhalb der entsprechenden Zeit Annäherungsversuche zu machen, reagiert die Katze mit unmißverständlichen Signalen bis zur brachialen Gewalt bei Nichteinhalten des Sicherheitsabstands. Du wirst mir recht geben, daß wir Frauen von Katzen einiges lernen können. Völlig zu Recht werden Männer also nicht mit Katern – denn die halten sich an die strengen Regeln, die von Katzen aufgestellt werden – verglichen, sondern mit dem Gockel. Der Gockel reißt überall das Maul auf, alles weiß er besser, hat er Konkurrenz im Hühnerhaus, dann werden tödliche Schlachten ausgetragen. Das Sexualverhalten des Gockels entspricht am ehesten dem des menschlichen Mannes: aufspringen, schütteln, abspringen. Dazu kommt eine gewisse Schmuddligkeit und eine zur Schau gestellte Selbstsicherheit, die auf andere eher lächerlich wirkt. Die Hühner sind eifrig bemüht, mit dem Gockel zu rennen, vor ihm und neben ihm her zu picken, sich zu ducken, wenn er aufspringt und ein bißchen zu gackern, wenn er wieder abspringt. So weit, so menschlich. Aber selbst von den Hühnern können wir lernen. Die Hühner stellen im Hühnerstall eine hierarchische Ordnung her – ähnlich einem Harem vielleicht –, die die älteren Hühner bevorzugt und entlastet und den jüngeren Lernprozesse abfordert. Und selbst die Hühner, die ja einen nimmermüden Gockel ertragen müssen, haben strenge Begattungsregeln. Will eine Henne nicht besprungen werden, dann macht sie das unmißverständlich klar. Sie gackert, schreit, hackt und rennt schließlich. Wohlgemerkt, das passiert nur, wenn zu viele Gockels herumlaufen, denn mit einem einzigen Gockel auf ein Schock Hennen sind diese nicht überfordert. Im Hühnerstall löst man das Problem gemeinhin mit dem Schlachten der überzähligen Gockels.

Zurück zur menschlichen Situation, die ja nicht so einfach zu lösen ist. Um mit dem Problem der Sinnlichkeit, der Sexualität und der Triebe zu Rande zu kommen, mußt du vor allem eins wissen: Die Frau ähnelt eher dem Huhn, der Katze oder der Kuh (nur einmal im Jahr) als dem Mann. Wir kommen in unserem Leben aber selten dazu, darüber nachzudenken, WIE unsere Sinnlichkeit überhaupt abläuft. Deshalb übernehmen wir – gezwungenermaßen eben – die Struktur des männlichen Orgasmus, die uns ja aus Kirche, Wirtschaft, Politik und Bett bekannt ist. Männlicher Orgasmus, das ist eine lineare Energie, die von der Stimulierung weg von A nach B läuft, sich entlädt und wieder in sich zusammensinkt. Wie eine Therapiestunde (anregen, erregen, sich ausschütten und wieder gehen), wie ein Kirchturm (erigierter Penis), wie ein Fabrikschlot (dasselbe), wie eine Rakete (du weißt schon), wie ein Workshop-Wochenende, wie eine Glanzleistung, wie eine sportliche Hochleistung. Ich will dir ja nur Anregungen geben, selber ein paar Gedanken zu entwickeln, du mußt meine nicht übernehmen!

Jedenfalls ist die ganze Organisationsstruktur bis auf wenige Gebiete dieser Erde von Männern auf ihrem Orgasmusrhythmus aufgebaut. Es geht darum, einen Höhepunkt zu finden, alles darauf hinzutreiben, und was danach ist, ist egal. Ejakulieren, explodieren, entladen, sprengen usw. Genug davon.

Da wir mit dieser Energie aufwachsen, egal ob es in unserem Haushalt einen Mann gibt oder nicht, tun wir uns schwer, die feinen Zwischentöne, die sich immer wieder melden, überhaupt wahrzunehmen. Zum Beispiel: Wenn ich mit einem Mann schlafe, fängt bei mir erst etwas an zu wachsen, wenn er schon längst fertig ist. Meine Lust kreist in Spiralen, ebbt auf und ab, wellenartig in immer kleinen und immer anderen Empfindungen, die anschwellen und sich zurückziehen, stärker werden und wieder abnehmen. Wenn ich meinem Körperrhythmus folge, habe ich oft das Bild von einer Meeresbrandung. Sagt aber ein Mann: Frauen sind wie das Meer! so gewinne ich oft den Eindruck, daß damit gemeint ist: Ins Meer kann man alles reinkippen.

Ich will nicht behaupten, daß es keine anderen Männer gäbe. Sagen wir, es gibt fünf Prozent, großzügig gerechnet, eine kleine Anzahl Männer also, die sich dafür interessieren, wie Frauen wirklich ticken und zwar auch dann, wenn a) die Frauen es selbst noch nicht wissen, b) wenn sie es lange und mühsam und in sich versunken suchen und c) wenn sie, die Männer, dabei selbst zu nichts kommen. Zu nichts. Eben. Gib's zu, deiner ist nicht dabei.

Uns kann nicht so sehr interessieren, wie viele Männer es gibt, die auf den Abenteuertrip der Frauen zur eigenen Lust einsteigen wollen. Was uns einzig und allein interessieren muß, ist, wie befreien wir uns von diesem lästigen, nagenden Gefühl, daß wir vielleicht wie Katzen oder wie Kühe angelegt sind und daß all die Energie, die täglich (oder in sonstigen Abständen) darauf verwendet werden muß, etwas positiv zu verarbeiten, was im besten Fall überflüssig ist, ja zu umwerfenden, umstürzlerischen Situationen führen könnte, wenn wir sie nur anwenden würden. Mein Tip ist also in erster Linie: Vergiß das Wort NEIN. Sag dir innerlich: ja zum Partner! ja zur Liebe! ja zur Hingabe! ja zur Geduld! Bei dir dauert es halt länger. Und glaub mir, wenn du mit deinem Partner nicht glücklich bist, ist es einzig und allein deine Schuld, weil du nicht flexibel genug bist. Sind nicht die anderen alle glücklich? Reden sie nicht davon, wie oft sie es gern mit wem alles tun wollen? Gib's zu: Du bist frigide. Obwohl du einen Mann hast, der alles für dich tut, um den dich alle möglichen Frauen beneiden, bleibt dein Herz kalt und deine Vagina trocken. Du erinnerst dich an andere Zeiten? Klar, aber man kann nicht immer verliebt sein. Jetzt frag bitte nicht auch noch: Warum nicht? Du hast dieses Buch zu lesen begonnen, weil du alle deine Hindernisse angehen willst, weil du lernen willst, wie du ein williges Instrument in der Hand starker Männer oder meinetwegen auch der einen oder anderen willensstarken Frau werden kannst.

Es gibt soviel Erfüllung im Leben, das muß nicht unbedingt ein in vielen glückseligen Wellen stürzender Orgasmus sein! Kümmere dich um behinderte Kinder! Mach alten Menschen eine Freude! Sei nicht so egoistisch und so ordinär, ständig nur an deine Erotik zu denken. Und glaub mir, wenn du wirklich auf der Suche nach deinen erotischen Höhepunkten bist, hast du kaum noch für andere Dinge Zeit, es wird dein Leben radikal verändern, du wirst alltägliche liebgewordene Gewohnheiten angewidert aufgeben und vielleicht dein ganzes heiles, bequemes oder jedenfalls doch sicheres Leben über den Haufen werfen.

Wer macht dann deine Steuererklärung? Wer gibt dir das wohltuende Gefühl, daß du sicher bist? Nicht allein? Wer macht dir dann mal am Sonntag Kaffee und bringt ihn ans Bett? (Macht er nicht? O...) Wir verstehen uns: Das willst du alles nicht aufgeben. Du brauchst ihn, weil er dein Leben ist, dein Leben aufgesaugt hat in sein System, und ich weiß, wie schwer es ist, das eigene Universum wieder zu heilen und zu schließen. Also: Das schaffst du nie.

Deshalb vergiß, daß unterdrückte Sinnlichkeit eine der größten Energiequellen der Welt ist, die in Neid, Mißgunst, Angst, Frust, Depression umschlägt. Beschäftige dich. Träume nicht zuviel. Denn in Träumen steckt manchmal eine unerwartet starke Sprengkraft, vor allem, wenn du der Illusion aufsitzt, Träume könnten realisierbar sein. Was immer du so träumst, glaub mir, das haben schon ganz andere versucht! Nimm dir an mir kein Beispiel! Ich lebe mit meiner Tochter allein, lebe rückhaltlos meine Lust, breche Tabus, wo sie mich hindern, liebe, wen ich will, und weiß heute nicht, wovon ich morgen leben werde. Willst du das? Na also!

Schraube deine Traumwelt auf Realmaß zurück. Lies Frauenzeitschriften, die dich in deiner familiären Welt stützen und trösten. Das ist mittlerweile ja gar nicht mehr so einfach, wenn man bedenkt, daß sogar schon ein so angepaßtes Frauenblatt wie die „Elle“ (z.B. 5/90) wörtlich druckt: „(Männer) wissen nur zu gut... daß ihr Orgasmus immer zu früh kommt. Daß die Entladung, die den höchsten Genuß bringen soll, die große Enttäuschung bringt. Das ganze heroische Manöver ist ein Kampf, in höchstem Maße angstbesetzt. Sie sind um so gewalttätiger, aggressiver, als sie um ihre Ohnmacht wissen. Was die Männer beim Anblick der Landschaft eines weiblichen Körpers so fasziniert, ist die Ahnung eines völlig anderen erotischen Registers, das nicht eingeschränkt ist auf die bescheidenen Funktionen ihres sexuellen Apparates“ (schreibt „Stella“). Tja Frauen, wissen wir das? Lies also nicht solche Artikel. Beschränke dich auf Handarbeits- und Kochanleitungen, auf die Flüchtlingsprobleme, auf Mode und Schönheit, und wenn du über-mutig wirst, schau in den Spiegel. Ist nicht dein Bauch zu fett? Deine Beine sind doch zu kurz, dein Gesicht ist schief, deine Zähne, meine Güte! Deine Haare, viel zu dünn, dein Busen zu dick/zu dünn/zu schlaff. Schau dich nur genau an! Dann wirst du zugeben, daß du weit vom Idealmaß und -anblick entfernt bist. Sei also froh, daß so eine wie du überhaupt so einen netten Partner gefunden hat. Du hast geschafft, wovon viele träumen, wozu also weiter dem bohrenden Gefühl nachgeben: Was könnte hinter dem Zaun sein? Was wäre, wenn... Wer weiß, wie glücklich ich sein könnte...

Frag alle Frauen, die du kennst: Sie alle werden dir bestätigen, daß zum Leben Leid gehört, daß sich Liebe nun mal auf Lüge, auf Hiebe und auf Triebe mehr reimt als auf grenzenlose Heiterkeit und Lust. Ich gebe dir also einen alten Bibelspruch mit auf den Weg, der dir deine Grenzen täglich in Erinnerung bringen kann: Wenn es köstlich gewesen ist, so ist es Mühe und Arbeit gewesen. Steht auf dem Grab meiner Urgroßmutter. Meine Mutter meint allerdings, wir alle könnten unter diesem Spruch nicht mehr bedenkenlos verfaulen...

Auflösung von TEST 4

Antwort 1 ist brav, und du brauchst jetzt nicht weiterzulesen, denn dir ist es gelungen, sexuelle Energie in höhere umzuwandeln.

Antwort 2 ist realistisch, aber wie Antwort 3 ein bißchen langweilig. Macht nichts. Try harder.

Antwort 4: Nicht mal dran denken! Wie wollen wir denn auf die 10 Milliarden Weltbevölkerung kommen, wenn alle Frauen so denken wie du!

5: Geh ja nicht, wie Nina Hagen, damit an die Öffentlichkeit!

6 und 7: Das sind Wege, die Frauen wirklich gut tun. Und hinterher: kein schlechtes Gewissen.

8: Darf ich mitfahren?

Test 5

In einer Runde von Freunden und Freundinnen entsteht ein Streitgespräch über ein Thema, zu dem du sehr gut Bescheid weißt. Obwohl du die einzige bist, die etwas darüber weiß, kommst du nicht durch und wirst sogar angegriffen, weil du so „aggressiv" diskutierst. Wie reagierst du?

1. Ich breche in Tränen aus.
2. Ich setze mich durch und bin sauer.
3. Ich versuche ruhig und gelassen meinen Punkt durchzubringen.
4. Ich denke, hat doch eh keinen Sinn, und ziehe mich zurück.
5. Ich schütte meinem Hauptwidersacher ein Glas Bier ins Gesicht, stehe auf und gehe.
6. Ich schreie, daß alle keine Ahnung haben, und rege mich wahnsinnig auf.
7. Ich werde immer stiller und fange langsam an, mich zu besaufen.

5

Sei nicht zu forsch. Weiche zurück. Gestehe dir ruhig ein, daß du doch nicht genug Kraft hast, einen Konflikt durchzustehen.

In diesem Kapitel berühren wir einen neuralgischen Punkt der Frauen: ihre Schwäche. Schwachheit, dein Name ist Weib, heißt der Ausruf eines deutschen Dichters. Ich bin in Zitaten nicht so bewandert und habe auch kein entsprechendes Lexikon, aber ich höre es, seit ich denken kann, von irgendwelchen Männern. Weil wir gerade dabei sind, würde es gut passen, einmal zu ordnen, was weiblich und männlich ist, denn das ist die Voraussetzung für die möglicherweise wichtigste Regel: Weiche zurück.

Weiblich ist: schwach, dunkel, empfangend, aufnehmend, negativ, Nacht, Mond, weich, inaktiv, zurückweichend, fließend, zart, schön, süß. Männlich ist: stark, hell, drängend, fordernd, positiv, Tag, Sonne, hart, aktiv, vordringend, fest, stabil, kantig, scharf oder bitter.

Nehmen wir beliebig Definitionen heraus: hart, zum Beispiel. Ein Mann muß hart sein, sonst ist er kein Mann. Das kannst du mir gern glauben. (Ein Mann ist ein Mann nur solange er kann, eine Frau ist eine Frau ihr Leben lang, alter Spruch der Frauenbewegung.) Eine Frau dagegen muß weich sein, ihr Körper ist wie eine Landschaft, ihre Gefühle sind weich und aufnehmend. Ist sie das nicht, dann ist sie auch keine richtige Frau.

In Afrika ist man da zwar anderer Meinung, da sagen nämlich viele Kinder, daß eine Frau dann eine Frau ist, wenn sie Busen, Vagina und Ohrringe hat. Für dich ist aber wichtig, daß du die Regeln unserer Zivilisation kennst, damit du nicht zu weit gehst.

Die Frau ist also schwach. (Bekommen bei euch dann die Männer Kinder? fragt Claire, eine afrikanische Freundin.) Komm jetzt nicht mit dem Argument, daß Hausarbeit schwer sei, Einkaufen dem Gewichtheben ähnle und Frauen heutzutage doppelt und dreifach belastet sind. Trotzdem sind Frauen schwach, glaub mir. Sie müssen schwach sein, damit Männer stark sein können. Frauen müssen weich sein, sonst hätte männliche Härte keinen Wert. Frauen sind das Dunkle, Geheimnisvolle – nicht die Klarheit des Tages. Frauen geben und fordern nicht. Frauen nehmen auf und fragen nicht danach, wo es hingeht und wie es verarbeitet wird. Frauen sind geduldig und nicht aktiv, denn aktiv ist männlich. Frauen begnügen sich damit, Männer zu fördern und zu unterstützen, ihren Platz an der Seite starker Partner einzunehmen und von dort zu wirken. Das ist nicht altmodisch, das ist Tatsache. Hinter jedem erfolgreichen Mann stehen zehn Frauen, an jeder erfolgreichen Frau zerren alle anderen – pardon, das gehört jetzt wirklich nicht hierher. Um dir begreiflich zu machen, warum es wichtig ist, daß Frauen ihre Grenzen kennen, gebe ich ein paar Beispiele:

Maggie, du kennst sie, die eiserne Lady, das knallharte Mannweib, die widerliche, ekelhafte Politikerin, der jeglicher weibliche Charme fehlt. Du könntest jetzt argumentieren, daß sie auch nicht schlimmer ist als 80% aller amtierenden Politiker, aber was es halt so schlimm macht: Sie ist eine Frau und bringt uns alle in Verruf. Sie kümmert sich nicht um die sozial Schwachen, sie bügelt die Armen nieder und unterstützt nur die Reichen. Ja, sagst du jetzt, sie ist halt eine Konservative, eine faschistoide Politikerin mit rechtsradikalen Tendenzen, nein, sage ich, nicht politisch mußt du das sehen, sondern vom Geschlecht her: Sie ist eine FRAU. Sie umsorgt nicht, sie umhegt nicht, sie fängt Kriege an. Glaub mir, man wird alle Kriege dieser Welt irgendwie rechtfertigen, aber nicht den Falklandkrieg, weil eine Frau ihn angezettelt hat. Die Frauen der Weltgeschichte, die es gewagt haben, jemanden umzulegen, wird man sich bis zum Sankt Nimmerleinstag merken. Warum auch nicht: Für all die Männer gäbe es nicht genug Papier und nicht genug Archive, um sie festzuhalten. Die Mörderin merken wir uns, nicht den Mörder. Die Mörderin geht lebenslänglich ins Gefängnis, der Mörder kommt frei, weil man ihn versteht, Mann. Wer sollte schon eine Frau verstehen, die zur Gewalt greift. Das liegt nicht drin, das ist nicht weiblich. Das darf nicht sein.

Nicht neun Millionen verbrannter Hexen werden wieder und wieder den Nachfahren-Generationen vor Augen geführt, sondern „geile Hexen", die sexuelle Ausschweifungen pflegten. Nicht die mörderischen Kaiser und Könige werden von der offiziellen Geschichtsschreibung gerügt, sondern die russische Katharina, die mit ihren Pferden sexuelle Beziehungen unterhielt.

Du wirst mir zustimmen: Das geht zu weit. Geh also nicht diesen kleinen Schritt zu weit, der den Rahmen sprengt. Fall nicht aus der Rolle, damit du nicht aus Versehen aus der Falle rollst. Begnüge dich mit Stärke für deine Kuchen und vergiß, daß dieses Wort auch noch andere Inhalte kennt.

Weiche zurück, ist mein guter Rat an dich. Gehen wir einmal einen fiktiven Tagesablauf durch, damit du siehst, wie wichtig es ist, im Kleinen anzufangen, damit du nicht zu frech wirst.

Am Morgen gibt es vielleicht den verschlafenen Griff

nach deinem Körper. Gestern abend lief nichts, und du fühlst dich innerlich eiskalt. Vielleicht hast du die ganze Zeit, seit du wach bist, schon auf diesen Griff gewartet, diesen gefürchteten, verhaßten Griff nach deinem Körper, deinem Universum. Vielleicht zuckst du zurück, alles in dir verschließt sich, du möchtest sein wie eine Muschel, die einfach zuklappt. Und nichts geht mehr. Aber nein, gib nach, werde weich und zärtlich, eigentlich willst du sagen: Ich habe keine Lust, du stinkst, ich ekle mich vor dir, hau ab. Sag es nicht. Versuch vielleicht, auf elegante Art auszuweichen. Stoß ihn nicht vor den Kopf.

Es wird vielleicht beim Frühstück eine Diskussion geben. Vielleicht besprecht ihr den Tag, und du hast das Gefühl, ungerecht behandelt oder ausgenutzt zu werden. Vermeide den Streit! Hast du schon vergessen, wie widerlich zankende Weiber sind? Xanthippen, die sogar den genialsten Philosophen an den Rand des Wahnsinns treiben können. Sei die Klügere. Gib nach. Bewahre Haltung.

Du kannst diese Haltung überall trainieren: im Geschäft, wenn dir schlechte Ware angeboten wird, nimm sie stillschweigend und wirf sie zu Hause weg. Irgendwer muß sie ja nehmen, und jetzt einen Skandal zu provozieren – was soll's. An der Kasse wird dir vielleicht zuviel berechnet – schweig, geh. Wie peinlich, jetzt alles nachzurechnen bei der langen Schlange von Einkaufenden! Wie sie dich alle anstarren. Am Ende hast du dich geirrt, wie so oft. Halt den Mund, schluck's, geh. Mittags gehst du vielleicht irgendwo einen Kaffee trinken oder eine Kleinigkeit essen – die Sahne ist sauer. Mach kein Aufhebens, kann passieren. Du bekommst Unmengen von Verpackungsmüll aufgeladen, im Essen ist Gift, die Kinder müssen für die Schule bestimmte Bücher, Kleidungsstücke, Spenden, was weiß ich, liefern. Auch wenn du es nicht einsiehst, auch wenn dir bald der Kragen platzt, auch wenn du das Gefühl hast, die Mutter müsse immer alles liefern, auffangen, heilen, wiedergutmachen, jede Schweinerei ausgleichen, jede Ungerechtigkeit mit ihrem Einsatz wieder ins Lot bringen – nimm es hin. Das ist dein Job, das ist deine Aufgabe. Das ist weiblich. Die Frauen waschen mit ihren Tränenseen den Schmutz von der Erde – altes indianisches Sprichwort. Frauen heilen, Frauen trösten. Aber wer hört schon gern von Frauen, die fordern, die laut schreien, die keifen, die protestieren, die keine Ruhe mehr geben, die Fehler, Mängel, kriminelle Machenschaften aufdecken und herausschreien. Wohin führt das? Genau: zum Wahnsinn. Die hilflose Wut der Frauen hat schon mehr Schaden angerichtet, als man annehmen möchte. Nicht den Verbrecher beachtet man, der ist viel zu gewöhnlich, als daß er groß auffallen würde, sondern die Frau, die nicht bereit ist, ihren Schmerz zu schlucken, und durchdreht. Nicht die kriminelle Politik ist interessant, sondern die Frau, die durchdreht und irgendeinen Exponenten dieser Politik umbringen will. Daraus kann sich für dich nur der Schluß ergeben: Ob in der Familie oder im Beruf, die Frau ist das ausgleichende Element, sie stellt Harmonie her, sie verbindet Streithähne, sie ist verständnisvoll, liebevoll, immer aufmerksam. Ist sie das nicht, dann begeht sie das größte Verbrechen, das unsere Revolverblätter kennen: Sie fällt aus der Rolle.

Das willst du nicht, also gewöhne dich schon im kleinsten Bereich daran, dich zurückzunehmen. Du bist nicht so wichtig, daß du immer deine Meinung sagen müßtest. Weiche zurück, denk dir deinen Teil und triumphiere im stillen, daß du recht hattest. Aber bitte: Sage es nicht immer. Es gibt nichts Schlimmeres als eine Frau, die sagt:

Ich hab's ja gewußt, ich hab's ja gewußt. Was man von dir erwartet, ist vielmehr, daß du nicht nur erkennst, wo die anderen sich irren, sondern stillschweigend, ohne daß sie merken, daß du überhaupt eingreifst, eine ganze Struktur aufbaust, um diesen Irrtum zu korrigieren.

Aber dann hast du ja unendlich viel Arbeit, wendest du ein. Aber es ist doch auch befriedigend, wenn du siehst, wie du alles gerade noch hingekriegt hast, was zu scheitern drohte. Während dann andere gelobt werden, stehst du im Hintergrund, lächelst fein und sagst dir: Das war meine Arbeit. Und du bist niemandem dabei auf den Wecker gefallen. Das ist wahre weibliche Kunst!

Auflösung von TEST 5

Alle Möglichkeiten bis auf die siebte sind im Sinne dieses Buchs falsch. Nur 7. bringt dich letztendlich dahin, wo du landen willst: runter, runter, runter.

Test 6

Bei einem Kulturfest soll spontan die Rede einer Autorin/Künstlerin übersetzt werden. Du kannst ihre Sprache sehr gut sprechen und könntest eigentlich ohne Probleme übersetzen. Jemand ruft in die Runde: „Wer könnte denn schnell übersetzen?“ Wie reagierst du?

1. Du versteckst dich und denkst: So gut kann ich's auch nicht.
2. Du wartest mit hochrotem Kopf und Herzklopfen, bis sich jemand findet, der/die übersetzt. Du stellst fest, daß die Übersetzung miserabel ist, und ärgerst dich, daß du dich nicht getraut hast.
3. Wie 2. Du springst auf und korrigierst nun den Übersetzer/die Übersetzerin.
4. Du meldest dich und stotterst deine Übersetzung.
5. Du läßt dich von deinen FreundInnen vorschlagen und zierst dich dann, weil sie deine Sprachkenntnisse so loben.
6. Du meldest dich nicht, Situation 2 entsteht, und du lästerst mit anderen FreundInnen, wie beschissen die Übersetzung ist und daß du selbst erst etwas machst, wenn du wirklich sicher bist, daß alles perfekt und einwandfrei ist.
7. Du meldest dich und übersetzt ohne Probleme und freust dich, weil du Anerkennung dafür findest.

6

Trau dir nichts zu. Sei dir darüber klar, daß alle anderen alles besser können als du, daß du nicht genug Erfahrung hast und sowieso nicht mitreden kannst.

Du weißt es genau. Es ist so, wie du denkst. Du überlegst. Es ist doch so, wie du denkst! Oder? Hm? Ist es so? War's nicht doch anders? Es ist so lange her, daß du es gelernt hast. Und der Redner ist so ein ganz fitter Mensch. Wenn du da jetzt was sagst, machst du dich glatt lächerlich. Halt die Klappe. Du weißt es nicht genau, stimmt's? Du weißt eigentlich gar nichts so genau, wenn du es dir überlegst...

„Aber du hast es doch studiert?" „Ja, schon, aber du weißt ja, wie lange das her ist!" „Warum versuchst du nicht, in diesem Bereich etwas zu arbeiten?" „Ha! (Bitteres Lachen.) Was glaubst du, wie viele das schon versuchen? Warum sollte ausgerechnet ich so einen Job kriegen? Außerdem muß ich erst noch einmal lernen. So lange ich's nicht ganz genau weiß, kann ich mich da nicht exponieren. Da gibt's wirklich genügend Leute, die mehr Ahnung haben als ich." „Die wird's doch immer geben?" „Ja klar, aber trotzdem kann ich mich darauf jetzt nicht einlassen."

Das ist in etwa das Gespräch, das ich mit einer Freundin führte. Eigentlich müßte ich dieses Buch schreiben, sagte sie spöttisch lächelnd. Ja, klar, sagte ich, mach doch. Ich weiß mehr über Mißerfolg und Scheitern, als du dir je erträumen könntest, sagte sie versonnen. Warum schreibst du es nicht? fragte ich. Rat mal? grinste sie.

Klar, sie scheitert. Sie traut es sich nicht zu. Sie weiß mehr darüber als ich, aber sie traut es sich nicht zu, weil etwas fehlen könnte.

Das ist ungefähr der älteste Trick der Welt, um Konkurrenten beiseite zu schaffen: Gib ihnen das Gefühl, daß sie zwar was wissen, aber, ha, (müdes Lachen) einfach nicht genug, um sich zu qualifizieren. Mit dieser Strategie wurden Frauen aus ihren ureigensten Bereichen verdrängt, sogar aus denen, die Männer gar nicht übernehmen können. Nehmen wir als Beispiel das Gebären. Wir sind uns wohl alle einig, daß bis heute ein Mann nicht geboren hat, nichts von Gebären sinnlich erfahren kann und vermutlich, so Göttin will, auch niemals gebären wird. Und trotzdem kann heutzutage in diesem Land keine Frau legal gebären, ohne sich einen Mann beistellen zu lassen, der alles besser weiß, der beim Geburtsvorgang die Regeln der Schwerkraft übergeht und die Frau gen Himmel gebären läßt, was, wie sich jedes Kind vorstellen und ich bestätigen kann, äußerst mühsam ist. Männer erzählen dir, wenn du sie fragst und auch wenn du sie nicht fragst, alles über Menstruation, über weiblichen Orgasmus, über Mütter und Töchter, über Stillen und Abstillen. Sie wissen einfach alles, auch wenn sie nichts wissen. Warum glauben wir ihnen? Weil sie gescheit daherreden.

Nehmen wir die Abtreibung. Wir wissen, daß Männer sich zum größten Teil und vor allem in kritischen Situationen weder mit dem Aufziehen der Kinder noch mit dem finanziellen Aspekt davon groß belasten. Wir wissen, daß der Papst die Pille nicht nehmen muß und daß er vermutlich keine Kondome braucht, wir wissen, daß er keine Kinder großzieht und auch nicht weiß, was das überhaupt heißt. Wir können relativ sicher sein, daß alle Politiker dieser Welt ihre Kinder, sofern sie überhaupt realisieren, daß sie welche haben, kaum je zu Gesicht bekommen und daß ihre Kinder vermutlich die Mutter fragen werden: Mami, wer ist eigentlich der Herr, der zweimal im Jahr mit der Aktentasche morgens aus unserem Haus geht? Wir brauchen uns um die Politikerkinder keine Sorgen zu machen, denn rein finanziell sind die ganz gut abgesichert. Was uns Sorgen machen sollte, ist die Tatsache, daß diese Männer, die von nichts eine Ahnung haben, sowohl über Familienpolitik als auch über Haushalt und Finanzen und über Abtreibung entscheiden. Diejenigen, die es eigentlich wissen würden, sitzen zu Hause, knirschen mit den Zähnen, schreien vielleicht gelegentlich wütend auf, aber die wenigsten dieser Fachfrauen fühlen sich berufen, endlich ihr Wissen zu ihrem Beruf zu machen.

Weil das so ist, meine Freundin, rate ich dir, was immer du gelernt hast, was immer deine Begabung, deine außergewöhnliche Fähigkeit sein mag: Frage dich, ob du wirklich fit bist. Ob du auch genau weißt, was du weißt. Der Zweifel ist dein zuverlässigster Begleiter auf dem Weg zum Mißerfolg. Zieh dich immer rechtzeitig zurück zum Grübeln. Laß keinen unausgereiften Plan, keine unausgewogenen Worte ans Licht der Öffentlichkeit. Du könntest dich unsterblich blamieren, denn wir leben in einer Gesellschaft, in der dein erstes Wort sitzen muß, sonst kommst du zum zweiten gar nicht mehr.

Denk nach! Stimmt es etwa nicht, daß du schon lange nicht mehr im Beruf bist? Wann hast du das letzte Buch gelesen? Wann hast du dich über Aktuelles wirklich gründlich informiert?

Sag mir jetzt nicht, alle anderen tun das auch nicht. Sag mir nicht, diese Halbbildung, die durch Zeitungen und Fernsehen entsteht, interessiert dich nicht! Sag bloß nicht, daß du bezweifelst, daß all das gedruckte Zeug überhaupt stimmt. Erzähl mir nichts von den Lügen und Erfindungen, die ein Wissenschaftler vom anderen abschreibt. Das mag ja alles sein, aber sie vertreten's wenigstens gut. So gut, daß sich der Mythos vom Eisen im Spinat über fünfzig Jahre gehalten hat. Da staunst du, was?

Und komm mir bloß nicht mit deinen Gefühlen! Das kannst du dir ja denken, wo dich die hinführen! Sag einem seriösen Fachmann, du hast das Gefühl, daß... Er wird dich mit Recht groß anstarren und dann vielleicht höhnisch lachen. Das Ende deiner Karriere! Deine Gefühle hätten dich noch nie getäuscht? Wenn du etwas sagst, dann hat es sich fast immer als richtig herausgestellt, auch wenn alle anderen gegen dich waren? Wen interessiert denn das? Die Wahrheit ist doch ein dehnbarer Begriff, wußtest du das nicht? Um die Wahrheit geht's auch gar nicht. Es geht einzig und allein darum, daß du deinen Mund hältst, wenn Erwachsene/Fachleute/ernstzunehmende Persönlichkeiten sich unterhalten. Blamiere doch deinen Mann nicht! Mach lieber dieses gute Käsegebäck, da kann dir keiner was vormachen! Obwohl! Meine Schwiegermutter hat ein Leben lang für Mann und Sohn gekocht. Sie kochte göttlich. Ihr Kaninchen in Rotwein versetzte dich in den siebten Freßhimmel. Aber weißt du was? Als ihr Mann pensioniert wurde – er arbeitete früher bei Alfa Romeo und hat sein Leben lang nur Autos zusammengebaut –, da wußte er plötzlich alles besser. Er wußte, wie man Pasta macht, er wußte, wie die Soße abgeschmeckt werden muß, er wußte, wie man Zwiebeln schneidet. Kurz und gut, er wußte alles besser, obwohl er keine Ahnung hatte. Kannst du nicht, rief sie unglücklich aus, auf die Piazza gehen wie alle anderen alten Männer, dort herumstehen und debattieren und mich endlich in meiner Küche in Ruhe lassen?

Nein, konnte er nicht. Er redete ihr drein, übernahm den Kochlöffel, den Kochtopf, drängte sie aus der Küche, drängte sie aus allem, was sie konnte, wußte und liebte, bis sie starb.

Was kannst du daraus lernen? Stelle dich bereits jetzt darauf ein, daß alles, was du kannst und weißt, von irgendeinem Fach-Mann besser gewußt oder gekonnt wird. Hab bloß nicht den Ehrgeiz, dein eigenes Ding zu drehen! Dazu bist du nicht stark genug! Das schaffst du nie! Und denk daran: Es wird immer jemanden geben, der alles besser weiß. Also mach dich auf die Suche nach ihm und halt den Mund.

Auflösung von TEST 6

Daß eins mal klar ist, laß dich zur 7. Möglichkeit niemals hinreißen. Denke dreimal täglich dran, daß du nichts kannst, daß alle anderen es notfalls besser können und daß du dich nicht blamieren kannst, wenn du dich nicht exponierst. Das Gefährlichste überhaupt wäre, wenn du dich blamieren würdest und es würde dir weiter nichts ausmachen. Das ginge zu weit. Viel zu weit.

TEST 7

Eine Kollegin hat gekündigt, du übernimmst für eine „Übergangszeit“ ihre Arbeit. Jetzt will eine andere Kollegin ein paar Tage Urlaub, weil sie so fertig ist. Gerade in dieser Zeit ist aber auch die Renovierung des Kindergartens angesagt, die die Eltern selbst machen müssen. Wie reagierst du?

1. Du sagst dir, manchmal kommt's eben dick im Leben, und arbeitest jeden Tag ein paar Stunden mehr. Nach der Arbeit gehst du dann in den Kindergarten und hilfst beim Streichen und Bodenverlegen und stellst fest, daß fast nur Frauen helfen.
2. Du wirst krank.
3. Du jammerst und meckerst und machst dann alles wie bei 1.
4. Du schickst deinen Mann/Freund/deine Liebste zum Renovieren und setzt durch, daß in der Arbeit eine Aushilfe eingestellt wird, dadurch machst du dich bei allen ein bißchen unbeliebt und mußt ein paar Tage lang wie verrückt organisieren.
5. Du sagst zu der Kollegin, die ein paar Tage frei haben will, daß du ihre Arbeit nicht übernehmen kannst und daß sie sich eine Ersatzfrau suchen soll. Dann rufst du im Kinderladen an und sagst, daß die Renovierung ausnahmsweise ohne dich laufen wird.
6. Du kriegst einen Nervenzusammenbruch, schreist, daß alle immer alles von dir fordern und verlangen und nie jemand Rücksicht auf dich nimmt.
7. Du ignorierst die Situation und arbeitest weder mehr, noch tauchst du bei der Renovierung auf. Du giltst daraufhin als unzuverlässig.

7

Laß dir alles aufdrängen. Sei für alles verantwortlich. Ohne dich geht nämlich nichts. Dieses Kapitel ist besonders geeignet für Frauen, die in Frauenprojekten der Selbstausbeutung frönen. Aber auch für Familienmütter und Frauen in Wirtschaft und Politik eignet es sich.

Ich kenne eine Frau, die macht grundsätzlich alles selbst, weil sie es nämlich selber am besten kann, und bis sie das den anderen erklärt... Ich kenne diese Frau ziemlich gut, wenn ich's mir so überlege, bin ich's vielleicht sogar selbst? Jedenfalls sieht das dann so aus: Den eigenen Haushalt mußt du ja wohl machen, daran führt kein Weg vorbei. Dann bist du noch in zwei Projekten, und wie es der Zufall will, hast du in diesen Projekten die arbeitsintensivsten Aufgaben. Du kannst gut mit Leuten verhandeln, also „könntest nicht du das machen, du kannst das doch so gut"... Ein Engpaß entsteht, Person A ist krank, Person B ist nicht da, Person C ist in Urlaub, wer bleibt dann noch. Natürlich! Du! Du bist weder krank, obwohl, wenn du es dir so überlegst, tut dir schon seit ewigen Zeiten das Kreuz weh, und alle drei Wochen meldet sich die Blasenentzündung. Aber es ist ja nicht so schlimm wie bei den anderen, nicht wahr? Außerdem bist du nicht so wehleidig wie die alle. Das schätzen auch deine Kollegen so an dir. Du bist ein Kumpel, mit dem man Pferde stehlen kann. Freilich, wann geht man schon Pferde stehlen?! Fehlt was, wirst du gefragt. Ist was Besonderes zu leisten, kommt man zu dir, denn du weißt eigentlich immer Bescheid. Das Verrückte ist, du weißt wirklich immer Bescheid. Und wenn eine Person so gut Bescheid weiß, kann es gar nicht ausbleiben, daß die anderen weniger gut Bescheid wissen, weil sie keine Motivation mehr haben, sich zu informieren. Arbeitest du mit einer Person, die immer für alles voll verantwortlich ist? Dann hast du bestimmt immer pünktlich Feierabend, bestehst auf deinem Urlaub, machst nicht so viele Überstunden, außer du brauchst das Geld, und deine Kinder übernimmt sie auch noch, stimmt's nicht?

Ich sage dir, wie du mit so einer Person umgehen mußt – und glaub mir, in der Regel, oder statistisch formuliert, das macht sich besser, zu 90 % sind solche Menschen Frauen: Du mußt ihr das Gefühl geben, daß du ohne sie hilflos bist.

Hast du zu einer bestimmen Arbeit/Tätigkeit keine Lust, dann sagst du ihr einfach, wie sehr du bewunderst, wie sie mit dieser Arbeit klarkommt. Du jammerst ihr etwas vor und appellierst sowohl an ihr Mitgefühl als auch an ihre Verachtung, weil du so schwach bist – und sie übernimmt alles für dich.

Du bittest sie, deine Kinder, deinen Hund, deine Katze, deine Blumen zu übernehmen, weil sie damit so eine glückliche Hand hat – sie tut es.

Du bewunderst ihre Fähigkeiten, mit Geld umzugehen – sie macht dir die Steuererklärung.

Du sagst, wie lecker ihre Marmeladen schmecken – sie kocht dir welche.

Du erwähnst anerkennend ihre tollen selbstgemachten Klamotten – sie näht dir welche.

Du streichst ihr Honig ums Maul – sie merkt es nicht einmal, weil sie von der Anerkennung lebt wie andere von Luft und Nahrung.

Sie wird immer mal wieder erwähnen, daß ihr alles zuviel wird. Zu Hause bricht sie in Tränen aus, weil sie nicht mehr weiß, wie sie alles schaffen soll. Da klingelt das Telefon: Die Fördergelder sind gestrichen. Es ist wirklich dringend. Wenn's nicht so dringend wäre, hätte ich bestimmt nicht angerufen. Du kennst doch... Hast du nicht auch die Satzung? Du weißt nicht wo? Bitte, such doch mal, das muß doch drinstehen...

Eigentlich sollte sie Briefe schreiben, den Aufsatz ihrer Tochter durchlesen, mit ihrer Tochter mal wieder faulenzen, sie ins Bett bringen, Wäsche waschen, aber was tut sie? Sie kramt die Satzung hervor, findet auch den Passus, setzt triumphierend einen fulminanten Brief auf. Das Telefon klingelt. Hast du zufällig die Nummer von... Nein, um was geht's denn? Ach weißt du, mein Hausbesitzer hat so einen komischen Brief geschrieben, wir fürchten, er kündigt uns. Lies doch mal vor. Blahblahblah. Ach so, da kann er eigentlich gar nichts machen, warte mal, ich hole schnell das Mietgesetz her...

So geht der Abend dahin, vom Mietgesetz kommt sie aufs Verkehrsrecht und auf die Vorschriften des Jugendamts. Eine Frau ruft an und will etwas über sanfte Geburt wissen. Die Freundin weiß nicht, was unvermeindlich auf englisch heißt. Und so fort.

Die Tage rasen dahin. Für einige Termine gibt es bereits Mahnungen. Der Kessel beginnt zu kochen. Warum muß eigentlich ich alles machen, schreit dann plötzlich die Frau, die sich alles an Land zieht, gibt es nur mich auf der Welt für alle Probleme? Nein, sagt ein feines Stimmchen, aber du mußt ja überall mitmischen, für alles bist du zuständig. Warum kannst du nicht mal sagen, das geht mich nichts an, löst eure Probleme bitte selbst. Sucht die Nummer im Telefonbuch! Für Rechtsfragen gibt es AnwältInnen. Oder wie in dem Witz der Bratwurstverkäuferin: Können Sie mir mal zehn Mark wechseln? Nee, aber die Bank da drüben kann es. Wir haben nämlich eine Abmachung: Ich wechsle kein Geld, dafür verkaufen die keine Bratwürste.

Diese Frau, die für alles verantwortlich ist, stirbt gern zu Anfang ihres Pensions-/Rentenalters. Wenn sie plötzlich nichts mehr zu tun hat, gerät sie derart ins Schleudern, daß sich ihre Lebenskraft schockartig verflüchtigt. Ehe es aber soweit kommt, gibt es noch die Möglichkeit des Amoklaufs.

Wer sich zuviel auflädt, bricht darunter zusammen. Im Sinne meines kleinen Leidfadens rate ich dir also: Zieh dir an Land, was du nur kannst, wenn du sichergehen willst, daß du nie zu deiner Kraft finden wirst. Denn deine Kraft verteilt sich dann gleichmäßig auf alle anderen Interessen, nur nicht auf deine. Für alle Probleme dazusein, für alles geradezustehen, für alles verantwortlich zu sein, ist die Fahrkarte in die totale Ohnmacht. Vor allem, wenn du mit Schaum vor dem Mund flach liegst und siehst, wie für deinen Job plötzlich drei Leute da stehen, wie sich Probleme auch ohne deine Hilfe lösen, wie das Wissen auch aus anderen Quellen fließt, wenn du bewegungslos registrierst, daß deine Abwesenheit keine Löcher reißt, ja, daß man sogar vergißt, wie schlecht es dir geht, dann wirst du mir recht geben, daß hier der verheißungsvollste Weg zum Scheitern liegt. Zumal du irgendwann für deine Qualitäten nicht mehr gelobt wirst, nein, sie werden so selbstverständlich, daß man ein Nachlassen deiner Fähigkeiten mit Vorwurf registrieren wird. Was man anderen gar nicht aufzubürden wagt: Bei dir ist es eine Selbstverständlichkeit.

Merke also: Die anderen wissen alle nichts. Du bist die einzige, die durchblickt und alles gut macht. Mach es, bis du umfällst. Das ist nun mal Frauenschicksal!

Auflösung von TEST 7

Wer besser ist als alle anderen, mehr weiß und überall drin ist, darf nicht so empfindlich sein wie bei Lösung 2, 3, 5 oder 6. Wer weiter kommen will, muß härter arbeiten! Übrigens, du kannst zu mir zum Wohnungsstreichen kommen...

TEST 8

Eine Freundin zeigt dir Gedichte, die sie geschrieben hat. Du findest sie grauenhaft. Du sagst:

1. „Mhm. Ich kann nur leider mit Gedichten überhaupt nichts anfangen."
2. deine ehrliche Meinung. Sie ist daraufhin beleidigt und redet nicht mehr mit dir.
3. du seist begeistert.
4. du findest ihre Gedicht wundervoll, und sie erfährt später, daß du über sie hergezogen hast.
5. „Versuchs doch mal mit Rezepten."
6. „Du mußt das unbedingt an einen Verlag schicken!"

8

Sei nicht ehrlich. Daraus entstehen nur Probleme.

Alles, was wahr sein kann, kann auch gelogen sein, hier ein paar Beispiele:

- es hat wunderbar geschmeckt.
- nein, komm rein, du störst überhaupt nicht.
- das Kleid steht dir phantastisch.
- ich bin sicher, er liebt dich noch.
- die Hausarbeit macht mir überhaupt nichts aus.
- ich bin mit meiner Familie glücklich.
- du bist nicht dick.
- deine Haare sind doch überhaupt nicht dünn.
- die Hose macht dich nicht fett, ehrlich nicht.
- es war wunderbar mit dir.
- ich liebe dich.
- du bist der beste Liebhaber überhaupt.
- nein, es geht mir nicht zu schnell.
- nein, es tut mir nicht weh.
- ich habe keine Angst vor dem Zahnarzt.
- nein, es macht mir nichts aus, wenn deine Freunde auch kommen.
- du kannst gern die Sportschau ansehen.
- ich habe für ihn Verständnis.
- doch, das höre ich auch gern.
- er kommt bestimmt zurück, sicher vermißt er dich.
- keine Ahnung, mit wem er/sie jetzt zusammen ist.
- er ist dir sicher treu.
- ich verstehe dich gut.

Usw.

Wenn alle diese Sätze gelogen wären, könnten die wahren Antworten etwa so lauten:

- man merkt zwar, daß du dich angestrengt hast, aber du kannst halt nicht kochen.
- hau bloß ab, du hast mir gerade noch gefehlt.
- in dem Kleid siehst du aus wie eine Bratwurst mit Gürtel.
- erstens ist mir egal, ob er dich liebt oder nicht, und zweitens bin ich ziemlich sicher, daß er dich nicht mehr liebt, wenn er dich so behandelt.
- die Hausarbeit ödet mich an/bringt mich um/tötet mir den letzten Nerv.
- ich frage mich manchmal, ob es so wichtig ist, eine Familie zu haben. Leben sie nicht alle im Grunde von meiner Energie?
- du bist ganz schön fett, aber das ist egal. Stört doch nicht!
- das einzige Problem, das du hast, sind deine dünnen Haare.
- die Hose macht dich zwar dick, aber wenn du sie gern anziehst, dann tu's doch. Warum fragst du mich?
- es war ein bißchen anstrengend mit dir. Aber wenn ich dir das jetzt erkläre, haben wir gleich wieder Streit.
- ehrlich gesagt, weiß ich nicht so recht, was Liebe ist.
- du tust, was du kannst.
- rein, raus – und dann fragst du, ob es mir zu schnell geht?
- au, du tust mir weh!
- ich schlottere vor dem Zahnarzt.
- und bring ja deine Freunde nicht mit!
- frag nicht so blöd. Du weißt doch, wie mich die Sportschau anödet.
- ich könnte Verständnis aufbringen, aber langsam frage ich mich, wozu.

- ich kann diese Musik nicht mehr hören!
- begreif es! Er ist weg. Am besten gewöhnst du dich daran und wirst selbständig.
- die waren doch schon zusammen, als du es noch gar nicht wußtest. Aber wie soll ich dir das jetzt beibringen?
- was heißt das überhaupt: treu!
- ich verstehe dich nicht und will's auch nicht mehr.

Usw.

Lügen scheinen auf den ersten Blick nicht gerade ein sicheres Mittel zum Mißerfolg zu sein. Ich gebe dir natürlich recht, daß fast alle berühmten Politiker, Wirtschaftsbonzen usw. lügen wie gedruckt und trotzdem Erfolg haben. Aber bedenke: Du bist eine Frau. Und bedenke drei wichtige Punkte beim Lügen, die dir auf jeden Fall irgendwann ein Bein stellen werden.

1. Du hältst die Lügen nicht durch, hast ständig ein schlechtes Gewissen und machst dich selber fertig, weil du nicht ehrlich bist. Deine Moral geht baden und damit – wie ich dich kenne – dein Anspruch auf Glück und Erfolg.

2. Du vergißt, wem du was vorgelogen hast, und verrätst dich irgendwann. Peinlicher geht's nicht.

3. Noch schlimmer: Du hast so eine Tochter, wie ich sie habe. Wenn ich gerade alten „Freunden“ am Telefon gesagt habe, „ja, gern, kommt vorbei. Ich freu mich schon,“ und hinterher seufze, „ich weiß gar nicht, was ich mit denen reden soll“, dann sagt sie später, als wir in ein angeregtes Gespräch vertieft sind, eiskalt: „Jetzt weißt du ja doch, was du mit denen reden sollst.“ Oder sie geht ans Telefon, schreit: „Mama, bist du da?“ Ich habe mir angewöhnt, zurückzuschreien, wenn's nicht paßt: „Nein.“

Die Hexen, diese aufsässigen Weiber, behaupten außerdem, daß Lügen das spirituelle Gleichgewicht durcheinanderbringt. Nicht die Moral sei das Problem – das könnt ihr euch ja denken, daß die überhaupt keine Spur von Moral haben –, sondern die Feigheit. Dadurch würdest du dich immer tiefer in ein Gewebe von künstlichen Fakten verstricken, die mit deinem Leben nichts zu tun haben, aber irgendwann von dir Besitz ergreifen. Da du aus Feigheit oder Bequemlichkeit lügst, hast du dann auch nicht die Kraft, alles wieder geradezurücken und dein Leben in ein für dich wichtiges Gleichgewicht zu bringen. Das sei der beste Weg, an allem zu scheitern.

Geh ruhig den Weg, den 61% aller deutschen Frauen wohl eingeschlagen haben: Lüg, was das Zeug hält, daß sich die Bettfedern biegen, und ersticke langsam am Angstschweiß, denn jemand könnte dir ja auf die Schliche kommen.

Eine Lüge ist aus diesem Konzept für Mißerfolg allerdings ausgeschlossen: die unverschämte Lüge. Wenn du natürlich bewußt lügst und frech in Kauf nimmst, dabei erwischt zu werden, wenn du dich gar auf so alte einheimische Indianer-Geister wie den Trickster oder Coyote-Woman oder den Yoruba-Gott Eshu berufst, die allesamt aus Lust und Tollerei lügen und damit anderen Fallen stellen, kann ich dir nicht garantieren, daß du auf die Schnauze fällst. Dann machst du ja vielleicht sogar dein Glück am Pokertisch, an der Börse oder im Antiquitätenhandel. Willst du in die Kunst der Tricks eingeweiht werden, dann ist dieses Buch nicht das richtige für dich. Dann frage ich mich ja wirklich, wieso du es überhaupt bis zu diesem Kapitel durchgehalten hast! Geh doch hin und sei erfolgreich! Wirst schon sehen, was du davon hast...

Auflösung von TEST 8

Weißt du was: Du solltest unbedingt einen Verlag aufmachen...

Test 9

Eine Beziehung, die für dich sehr wichtig war, ist in die Brüche gegangen. Du sagst:

1. Diese falsche Schlange. Mußte sie sich in unsere glückliche Beziehung einmischen!
2. Wenn ich nicht so eine unglückliche Kindheit gehabt hätte, wäre ich ihm sicher mehr wert gewesen!
3. Meine Mutter ist schuld, sie hat mich für Beziehungen total versaut.
4. Wie 3, nur mit dem Vater.
5. Ich muß unbedingt eine Analyse/eine psychotherapeutische Behandlung machen.
6. Meine Güte, jede Beziehung geht mal zu Ende. Es tut halt weh, aber ich werde schon drüber wegkommen.
7. Ich habe mich zu sehr an ihn geklammert, es ist alles meine Schuld.
8. Ich muß'um jeden Preis versuchen, ihn wieder für mich zu gewinnen. Und vor allem: rauskriegen, wer schuld ist!

9

Die anderen sind schuld. Immer die anderen. Notfalls die Umstände. Aber du doch nicht!

Du hast mitgedacht und weist mir jetzt eine Inkonsequenz nach. In Kapitel 2, 6 und 7 hätte ich eigentlich genau das Gegenteil behauptet? Das ist ja das Verrückte an Frauen. Einerseits schieben sie sich selber immer den Mißerfolg, die Unfähigkeit, die mindere Qualität in die Schuhe, haben das Gefühl, sie seien nicht gut genug, nicht schön genug und nichts wert, andererseits bleibt der kleine Ausweg, der durch Rotz und Wasser hindurchsickert: Du bist ja eigentlich gar nicht schuld. Hättest du nicht so eine schlechte Mutter gehabt, die dir kein geeignetes Identifikationsbild geliefert hat, dann wärst du heute ganz woanders. Wenn du eine harmonische Familie gehabt hättest! Ja dann! Wenn's zu einem nichtkirchlichen Kindergarten gereicht hätte! Wenn dich dein Vater nicht vertrimmt/mißbraucht hätte! Glaub mir, ich mache mich nicht über dich lustig. Ich weiß, wovon ich rede. Mein Kindergarten war eine Katastrophe, mein Vater ein Sexbesessener, und Kohle hatten wir auch nie!

Aber ich kenne tatsächlich Frauen, die noch mit sechzig jammern, daß sie ihre Eltern nicht akzeptieren können.

Wenn du darauf verzichten kannst, könntest du irgendwann den Umständen der Kindheit pauschal die Absolution erteilen und ein freier Mensch werden. Du könntest frech und lustvoll die unmöglichsten Entscheidungen treffen und dazu stehen. Du könntest dich bis in die Knochen blamieren und sagen: Ja mei... (Wie wir das in Bayern gern sagen.) Dazu könntest du die für Frauen lebenswichtige Bewegung machen, die den meisten höllisch weh tut, weil sie es so selten tun: die Schultern gleichzeitig anheben und fallen lassen, wozu du die Mundwinkel bedauernd nach unten ziehen und den italienischen Laut „Boh" von dir geben könntest, was soviel heißt wie „ja mei".

Im Sinne meiner kleinen Abhandlung aber rate ich dir natürlich etwas anderes: Wenn dir etwas mißlingt, wenn du schlecht aufgelegt bist, wenn du etwas nicht erreichst, durchsetzt, fang an, den/die Schuldigen zu suchen. Irgendeiner ist immer schuld, glaub mir. Das ist schon eine alte Erkenntnis der katholischen Kirche. Hagel? Kindstod? Hunger? Not? Wer wird wohl schuld sein? Der Papst nicht, das steht fest. Die Politiker? Zu weit weg. Ja, genau: die Nachbarin mit der Warze auf der Nase. Die alte Kräuterfrau. Die scheinheilige Krämerin! Die jugoslawische Putzfrau! Die türkische Zeitungsfrau! Die Obdachlose. Die Zigeunerin. Die arbeitslose Drogensüchtige. Die ehrgeizige Geschäftsfrau.

Jetzt sag mir nicht, daß das für dich keine Lösung ist. Das ist eine, glaub' mir. Durch die ganze westeuropäische Geschichte hat diese Lösung funktioniert. Nun denn. Such woanders: Fang in deiner Kindheit an, wie bereits beschrieben. Dann aber geh deinen Alltag durch. Wie stehen die Sterne? Du hast nicht schlechte Laune, glaub mir, du hast einen Marstransit. Du warst nicht etwa nicht verantwortungsvoll genug, nein, heute früh hast du schlechte Tarotkarten gezogen, was soll da aus dem Tag noch werden!

Deine Freundin hat dich hängenlassen! Wenn du nicht einen so unzuverlässigen Mann hättest! Wenn deine Kinder nicht so unselbständig wären! Wenn deine Mutter dich nicht dauernd anjammern würde! Wenn du was Gescheites gelernt hättest! Wenn die Post früher gekommen wäre! Wenn du mehr Geld hättest! Wenn du nur nicht ständig auf dich selbst gestellt wärst. Wenn dir der Kindsvater nicht abgehauen wäre! Gell?

Hier ist auch der Platz, um die Gesamtschuld ein für allemal den Männern zuzuschieben. Wir sind bis anno Dickmilch entschuldigt, weil ja schließlich die Männer an allem schuld sind. Das Problem bleibt, daß wir entschuldigt untergehen. Die Männer zwingen uns ihre Sexualität auf. Sie arbeiten daheim nicht mit. Sie drängen uns ihr Fernsehprogramm, ihre Freizeitvergnügen, ihre Lektüre, ihre Technologie, ihre Zerstörung, ihre Weltanschauung, ihre Meinungen auf. Sie helfen uns nicht, sie hören uns nicht zu. Sie interessieren sich nicht für uns, nicht wirklich. Sie setzen immer nur ihren Willen durch. Sie tyrannisieren ihre Familien. Sie nehmen keine Rücksicht. Sie lügen, betrügen, sind geizig und faul. Sie hindern uns an unserer Selbstentfaltung. Ich lege jetzt eine fünfminütige Erzählpause ein, und du darfst an dieser Stelle alles formulieren, was dein Mann, dein Freund, dein Vater verbrochen hat. Du darfst alle Umstände aufzählen, die gegen sie sprechen und dich behindern. Du darfst mir alle Hindernisse nennen, die man dir im Lauf der Zeit in den Weg gelegt hat. Ja klar, ich hör' dir zu. Erzähl nur.

So. Die Zeit ist um. Jetzt weißt du hoffentlich, wer schuld daran ist, daß du all das nicht verwirklichen kannst, was du eigentlich verwirklichen möchtest und könntest, wenn nur...

Willst du also das Ziel dieses Buches erreichen, dann hol dir ein Päckchen Taschentücher, zünde eine Kerze und einen Ölverdampfer mit einem melancholischen Geruch an und grüble über die Umstände, die dein Leben versaut haben. Denk daran: Depression ist eine starke Energie. Laß nicht zu, daß sie umschlägt, etwa in Aggression oder gar Unternehmungslust. Laß dir nicht einreden, daß jede Energie verwandelbar ist. Bleib dir selbst treu und bleib so lahm und klein und hilflos, wie du nur kannst. Dann stehst du niemandem im Weg, erregst kaum Ärger, und wenn dir wirklich mal jemand eine vor den Latz knallt, dann weißt du wenigstens, wer schuld ist: du jedenfalls nicht.

Auflösung von TEST 9

Für dieses Problem gibt's nur eine Lösung: Frau im Spiegel, Bild der Frau, Quick, Neue Revue, Lore-Romane, stopf dich voll mit fremden Gefühlen, sonst mußt du vielleicht doch noch mal ans Eingemachte gehen.

Das Spiel

I. Du hast aufgegeben. Gratuliere. Der Anfang war schon Zeitverschwendung. Kauf dir ein T-Shirt mit der Aufschrift: *Here comes Success* (vorne) und *Here goes Success* (hinten).

II. Ist nichts vorbeigekommen, was dich gereizt hätte? Ich mache dir einen Vorschlag: *A change is as good as a rest,* sagt ein englisches Sprichwort. Rück zehn Felder vor und übernimm einen verantwortungsvollen Posten. Das hast du jetzt davon...

III. Tja, das hätte ich dir gleich sagen können, die schnellsten sind immer die Gelackten. Das war doch klar, daß sie sich alle mit Begeisterung auf eine Frau stürzen würden, die die Kohlen für sie aus dem Feuer holen soll. Ist dir nicht aufgefallen, als du an Bord gingst, daß das Schiff bereits schwere Schlagseite hatte? Geh auf den Joker-Platz – zieh eine Glückskarte und wünsche dir das Passende.

IV. Ob ich mal 'ne Mark hab'? Aber klar. Wozu brauchst du die? Ach so, für den Musikautomaten. Ich hoffe, du schaffst es demnächst, die Musik und den Rhythmus deines eigenen Körpers zu entdecken, dann brauchst du die Mark auch nicht mehr.

V. Du hast ja ganz schön abgenommen! Du fastest? Ehrlich? Heilige Frau Zenbuddhistin, faste für mich! Und, wie geht's? Du näherst dich dem Ziel. Gut gemacht. Denk daran, dir am Ende des Buchs bei mir ein Zertifikat abzuholen. Rück vor, soweit du es wagst.

TEST 10

Eine Kommission beschließt, dir 250 000,- DM für ein Projekt zu geben. Wie reagierst du?

1. Du machst einen Luftsprung, kaufst Champagner und überlegst mit Freundinnen, wie ihr das Geld am besten auf den Kopf hauen könnt.
2. Du freust dich und beginnst, an dem Projekt ernsthaft zu arbeiten.
3. Du sagst: verdammt, welches Projekt?
4. Du rufst sofort einen Fachmann an, der dir bei der leidigen Geldangelegenheit helfen kann – gegen Bezahlung, versteht sich.
5. Ihr plant das Projekt so, daß es jetzt mit diesem Geld länger laufen kann, sofern ihr nur weiterhin unbezahlt arbeitet.
6. Du zahlst dir zuerst einmal für die geleistete Arbeit eine Pauschalsumme aus.
7. Ihr fangt das Projekt an, bezahlt alle beteiligten Frauen und reicht Anträge für Weiterförderungen aller Art ein.
8. Ihr gebt das Geld an eine politische Organisation weiter, die das Projekt durchführen soll.

10

Das leidige Geld! Du verstehst nichts davon. Frauen ist es nicht gegeben, mit Geld umzugehen, deshalb hat Frauenarbeit unbezahlt zu sein.

Ich weiß, du findest es obszön, daß ich auch noch vom Geld anfange. Von Geld redet man nicht, das hat man einfach nicht. Geld stinkt. Geld ist schmutzig. Und wir haben doch mit Geld eh kein Problem.

„Mein Mann ist großzügig", sagte mal eine Frau zu mir. „Ich krieg', was ich brauche."

„Was du brauchst?" ich drauf ungläubig.

„Klar. Wenn ich mal ein Kleid will, kauft er es mir", sagt sie.

„Ist das alles, was du brauchst, ein Kleid?" frage ich.

„Ja, und Haushaltsgeld und Kosmetik und so", sagt sie.

„Das kriegten ja schon die Sklaven: Unterhalt, Klamotten und Instandsetzungskosten", sage ich.

„Ja was soll er mir denn noch alles geben, er hat doch selber nicht soviel!" sagt sie ungeduldig. Eben.

Frauen können mit Geld nicht umgehen, heißt es. Tatsache ist natürlich, wie du sicher weißt, daß fast alle Privathaushalte durch den rechnerischen Hochseilakt der Frauen vor dem Ruin bewahrt werden. Unzählige Ehefrauen führen ihren Geschäftsmännern die Buchhaltung. Unzählige Töchter übernehmen die Bücher des elterlichen Betriebs, denn wie wir alle wissen, können Männer nicht so gut rechnen und sparen wie Frauen. Das sieht man an den öffentlichen Haushalten, die stets hoch verschuldet sind und von Männern geführt werden.

Trotzdem: Frauen können mit Geld nicht umgehen. Das ist eine alte Bauernregel, und wir wollen an alten Traditionen jetzt nicht rütteln. Man sieht es doch immer wieder, wie Frauen mit dem Geld nicht zurechtkommen, ihre Kinder nicht durchbringen, beim Stehlen erwischt werden usw.

Sie kriegen ja von Haus aus nichts? Du liebes Bißchen, gehörst du etwa auch zu der Front von Frauen, die Lohn für Hausarbeit fordern? Wo kämen wir denn da hin, wenn der Staat, der doch offenbar wichtigere Ausgaben schon nicht finanzieren kann, auch noch diese Lappalien zahlen sollte. Was sagst du? Kinder sind die zukünftigen Rentenzahler? Da hast du ja auch was davon? Wie? Als Hausfrau kriegst du keine Rente? Brauchst du auch nicht. Wenn du dich anständig benimmst, verläßt dich dein Mann nicht, und dann kannst du dir doch seine Rente mit ihm teilen. Oder sagen wir, er gibt dir ein Taschengeld. Das reicht doch. Im Alter braucht man nicht mehr soviel. Und werde jetzt nicht ungerecht. Der Staat zahlt zum Beispiel ein Babyjahr. Und die anderen 17 bis 26 Jahre? Was soll denn das nun wieder! Wenn dein Mann sich gut versichert, habt ihr ohnehin ausgesorgt. Du mußt halt zusehen, daß du dich nicht zu sehr exponierst, mußt ja nicht alles immer so kraß sehen und an allem herummeckern. Denn am besten bist du natürlich in der Ehe versorgt, also halte deinen Mann, so gut es geht. Weil du die Scheidung erwähnst: Sei nicht zu unbescheiden. Das neue Scheidungsrecht ist den Männern gegenüber ja ziemlich harsch. Also überleg dir gut, ob du nicht vielleicht durch dein streitsüchtiges Verhalten die Ehe überhaupt ruiniert hast. Wärst du nicht so launisch und aufsässig, hättet ihr es doch gut miteinander aushalten können. Da hast du doch streng genommen gar kein Recht auf einen so hohen Unterhalt. Denk mal an deinen armen Mann. Was bleibt ihm denn jetzt noch mit seiner Freundin? Der wird ja seines Lebens nicht mehr froh, wenn du nicht nur für die Kinder, sondern auch noch für dich Unterhalt verlangst.

Also ich kenne eine, stell dir vor: Schon bei der Eheschließung hat die sich finanziell abgesichert. Geschmacklos finde ich das! Und so was nennt sich dann Liebe. Bei der Heirat schon an die Scheidung denken! Aber so sind manche Frauen heute drauf, ehrlich. Raffgierig bis dorthinaus. Auch mit vierzig können Frauen schließlich noch was lernen – freilich, viel Lohn dürfen sie da erst mal nicht erwarten. Müssen sich halt einschränken. Aber das muß auch nicht sein, daß der Mann, der dauernd gearbeitet hat, nachher die Frau aushält. Hör dich bei deinen Freundinnen um: Alle kennen irgend so eine Frau, die sich nicht schämt, ihren Mann bis zum letzten Hosenknopf auszunehmen. Widerlich. Ich kenne auch genug Frauen, die sich jede Arbeit bezahlen lassen oder eine Art Tausch vorschlagen. Du fragst sie: „Würdest du drei Tage in der Woche auf meine Tochter mit aufpassen?“ Und sie fragen doch glatt zurück: „Was zahlst du denn?“

Ihre Männer/Freunde bitten sie, mal ihre Wäsche mitzuwaschen, und kommen einmal am Tag zum Essen – und sie verlangen glatt Geld dafür.

In einem Film von Lina Wertmüller, das ist auch so eine emanzipierte Filmemacherin, deren Filme du dir besser nicht anschaust, fragt ein süßer sizilianischer Arbeiter seine Freundin, ob sie ihn heiraten will. Das ist eine zarte und sehr anrührende Szene. Was sagt die Frau da? Warum sollte ich dich heiraten? Jetzt bekomme ich für jede Wäsche 50 Pfennige, nachher soll ich wohl umsonst waschen.

Diese Haltung hat sich zum Glück bei uns nicht durchgesetzt. Hierzulande wissen die Frauen noch, daß es etwas mit Liebe zu tun hat, wenn sie den Auserwählten bekochen und alles für ihn machen. An Geld denkt dabei kein Mensch. Ist doch auch zu peinlich, wenn du zugeben mußt, daß du dir das Filet nicht leisten kannst, das er gern essen würde. Lieber borgst du dir Geld von der Freundin, die versteht das schon.

Und kennst du nicht auch die Frauen, die bei jeder Arbeit, bei jeder Einladung, einfach bei allem, sofort nachfragen, was es finanziell bringt? Kein Funken Idealismus. Da geht's nicht mehr um Inhalte und Begeisterung. Alles dreht sich ums Geld. Wieviel Fahrtkosten? Ist die Unterbringung bezahlt? Stundenlohn usw.

Können wir nicht mal von etwas anderem sprechen? Geld ödet mich wirklich an. Komm, reden wir nicht davon. Hilf mir morgen Nachmittag das Kinderfest organisieren, das ist viel wichtiger. Das Essen bringen die Mütter, und die Getränke wollen wir verkaufen, damit wir dann für den Kindergarten wieder ein bißchen Geld haben. Der Staat? Wieso soll denn der Staat dazuzahlen? Das ist doch eine rein private Angelegenheit. Wir feiern mit den Kindern und nehmen Geld für den Kindergarten ein. Damit können wir dann die Räume streichen.

Ich seh' schon, mit dir kann ich so was nicht diskutieren. Du bist ja total aufs Geld fixiert. Immer sprichst du vom Geld, von der Arbeitszeit, vom Materialaufwand. Schrecklich. Du bist vielleicht materialistisch. Was? Material kommt von Mater, Mutter?

Und wozu soll ich den Steuerausgleich machen? Die paar Mark, die ich dann vielleicht bekomme. Ich kann das nicht. Ich blick' da nicht durch. Was heißt dem Staat schenken? Wieso denkst du, der rechnet damit, daß die Frauen zu blöd und zu faul sind, ihr Geld zurückzufordern?

Ich kenne eine Frau, die spirituell arbeitet, du weißt, was das ist? Also sie konzentriert sich auf ihre Energien, steht in Kontakt mit der Natur und so weiter. Du weißt schon! Da möchte man doch meinen, daß ihr das heilig ist, daß sie einen guten Kontakt zur Natur hat? Denkste. Weißt du, was sie macht? Sie ruft Adler. Hunderter. Sie macht Rituale, in denen sie Adler-Banknoten ruft! Sie hat einen Geldvermehrungstopf, in den sie abends ihr Geld hineinlegt, und am Morgen holt sie es wieder raus. Sie behauptet, sie legt es zu den Ahninnen, die es dann irgendwie und irgendwann vermehren. Weißt du, was sie sagt? Sie sagt, Geld ist Verwandlungs-Substanz, und von Verwandlung verstehen Frauen etwas. Außerdem seien Frauen kommunikativ und könnten gut ihre Bedürfnisse formulieren, und deshalb würde es gut funktionieren, wenn sie Adler rufen. Sie sagt, daß es in Österreich schwierig sei, Geld zu rufen, weil auf den Banknoten nur alte Männer drauf seien, und wer würde schon alte Männer rufen! Sie macht sogar Orakel und spekuliert dann an der Börse! Also die Spritweiber sind auch nicht mehr das, was sie mal waren.

Schreibst du mir das Manuskript ab? Das machst du gern? Das ist wirklich nett von dir. Ich finde es erfrischend, wie wenig du hinter dem Geld her bist. Es sind ungefähr hundert Seiten. Was sagst du? Für dich ist das kein Problem, du schreibst es gern und hast im Moment eh nichts zu tun. Schön. Ich denke mir dann etwas Nettes für dich aus. Vielleicht eine Auramassage oder so was...?

Auflösung von TEST 10

Zu 1. hab' ich auch noch ein paar Ideen. Ich rate zu 5. Das funktioniert schon seit zwanzig Jahren, die Frauen arbeiten und arbeiten. Die Projekte bestehen (oder krepeln weiter vor sich hin). Alles klar. Und Geld ist schließlich nicht alles im Leben.

Test 11

Du hast dir einen Tag freigeschaufelt und freust dich schon sehr auf einen ausgefallenen Museumsbesuch mit deiner Freundin und anschließendem Stadtbummel bzw. abendlicher Lesung irgendeiner Autorin, die du bewunderst. Da schlägt sich dein Kind das Knie blutig und ist sehr wehleidig, und im selben Augenblick ruft dein Vater an, daß er krank ist und du ihn holen/pflegen sollst. Was machst du?

1. Du bläst alles ab, versorgst dein Kind, fährst mit ihm zum Vater und hörst dir seine Jammereien an. Du bist stockfrustriert, aber immerhin kann niemand dir einen Vorwurf machen.
2. Du bittest eine Freundin/deine Schwester/einen Freund/ein älteres Kind, auf das kleinere aufzupassen, kochst ihnen noch Vanillepudding, erlaubst, daß sie glotzen, bis ihnen die Augen herausfallen, und rufst die Nachbarin deines Vaters an, sie soll ab und zu nach ihm schauen, wenn's geht.
   Dann gehst du mit deiner Freundin in die Stadt und hast ein schlechtes Gewissen.
3. Wie 2. Dann gehst du mit deiner Freundin in die Stadt und hast die schönste Zeit deines Lebens.
4. Du organisierst die Versorgung von Kind und Vater perfekt und mußt dir, nach einem schönen Tag auswärts, von allen Seiten Vorwürfe anhören, was für ein herzloser Mensch du bist.
5. Wie 4. Aber du sagst: Wieso habt ihr eigentlich meinen Bruder/meinen Mann usw. nicht angerufen oder ihm Vorwürfe gemacht, bin ich eigentlich der einzige Mensch auf der Welt, der für alles zuständig ist?

6. Du sagst dem Kind, es soll zu Freunden gehen, nachdem du es versorgt hast, machst dir einen schönen Tag und erinnerst deinen Vater daran, daß er bei deiner letzten schweren Grippe auch nicht deinen Haushalt versorgt hat, obwohl er sehr fit ist und den ganzen Tag nichts zu tun hat.

11

Pflege dein schlechtes Gewissen und deine Schuldgefühle. Sie sollten am besten schon in der Kindheit vorgelebt werden. Denn nur was sich täglich von der Mutter auf die Tochter überträgt, sitzt wirklich.

„Ein gutes Gewissen ist das beste Ruhekissen", sagt ein volkstümliches Sprichwort. Was es nicht sagt, ist, wie eine Frau ein gutes Gewissen erlangt. Das gehört nämlich zu den letzten Geheimnissen der Menschheit.

Ich werde also wieder ins Schatzkästchen meiner reichhaltigen Lebenserfahrung greifen, um das mit dem Gewissen zu verdeutlichen.

Als meine Tochter noch kleiner war, habe ich immer, wenn ich aus dem Haus ging, behauptet, daß ich arbeiten gehe. Das war für mich okay, denn schließlich mußte ich ja unseren Lebensunterhalt verdienen. „Mama is abeitn", war für Walli eine Standardphrase. Das heißt, ich sagte auch, daß ich arbeiten gehe, wenn ich ins Kino oder mal mit Freunden essen ging. Dabei hatte ich natürlich ein schlechtes Gewissen. Und eigentlich sagte ich das mit dem Arbeiten nur, weil ich ein schlechtes Gewissen hatte. Ich wollte mich vergnügen und ließ deshalb – Rabenmutter! – mein Kind bei einer Babysitterin/bei meiner Schwester/bei meiner Mutter. Wohlgemerkt: Sie war sowieso nie allein. Aber ich hatte trotzdem ein schlechtes Gewissen.

Später bekam ich ein schlechtes Gewissen, weil ich aus schlechtem Gewissen gelogen hatte. Es war eine sehr verfahrene Situation, die ich irgendwann mit ihr klären mußte, daß endlich dieser Schuldgefühl-Zirkus aufhörte.

Einer Frau ein Schuldgefühl einzuhauchen, ist nicht schwer. Du mußt nicht erst dein Kind an die Wand werfen, um als Rabenmutter zu gelten. Zwar hat niemand Verständnis für dich, wenn du durchhängst, wenn du überarbeitet, überreizt, ausgepowert bist. Aber jedenfalls wissen alle sowieso alles besser. Unzählbar sind die Abhandlungen darüber, was Mütter alles falsch machen, endlos die Storys von schlechten und inkompetenten Müttern. Jeder Idiot kann an einer Frau beliebig herumkritisieren. Angebote, eine Frau zu entlasten, unentgeltlich versteht sich, lese ich aber nirgends. Geht mit einem Kind etwas schief, ist garantiert die Frau schuld, die schließlich das Kind so versaut hat. Das steckt in uns allen tief drin, und deshalb haben wir ständig Angst, etwas falsch zu machen oder unsere wahren, wilden, unverschämten Gefühle herauszulassen. Man könnte ja dann – mit Recht, wie wir finden – an unserer Qualität als Mensch/als Frau zweifeln, das setzt uns herab und schmerzt uns. Also halten wir die Fahne der edlen Mutterschaft hoch und beißen uns durch. (Die Zahnärzte können ein Lied davon singen.) Wir opfern uns auf die eine oder andere Art. Wer Kinder hat, ist ja schon arg gebeutelt, aber die meisten Frauen, die auch noch Männer haben, sagen: „Da hast du noch ein Kind mehr." Nicht nur das. Du hast auch die Antriebsenergie für dein ständig schlechtes Gewissen frei Haus.

Warum hast du dich nicht darum gekümmert? Wenn du schon den ganzen Tag zu Hause bist! Wo sind denn die Kinder? Ja, was heißt, du weißt es nicht?!! So läßt du die Kinder in die Schule gehen? Ich hab' kein Hemd mehr, hast du noch nicht gewaschen? Was machst du denn den ganzen Tag? Usw.

Mit diesem Mechanismus arbeitet auch die Werbung,

die ja bekanntlich sehr sensibel auf wirksame Kräfte reagiert: Da gibt es einen Weichspüler, dem sogar das magische Element nicht fehlt. Das schlechte Gewissen der Frau tritt als „bessere Hälfte" ihrer Doppelgängerin aus ihr heraus und macht ihr Vorwürfe, daß sie nicht alles für ihre Familie tut. Mehrere andere Produkte haben bei dieser sehr wirksamen Werbeart nachgezogen. An die Schuldgefühle einer Frau zu appellieren, bleibt nie ohne Wirkung.

Dabei spielt eine große Rolle, daß Frauen das Gefühl haben, sowieso keinen Anspruch auf eigene Verwirklichung, auf einen eigenen Raum, auf ein eigenständiges Lebens- und Lustgefühl usw. zu haben. Aber auch, daß Frauen sich für alles verantwortlich fühlen, daß sie jedes Mißgeschick, jede schlechte Stimmung auf sich beziehen und sich dann tausend Ausflüchte suchen, wie die Situation doch noch erträglich werden könnte. In diesem Kreis von Gefühlen und Frustrationen entwickelt sich schließlich nur noch eins: Vorwurf.

Wenn ich mich schon opfere, will ich auch dafür geadelt werden. Früher gab es noch das Mutter-Kreuz. Aber was gibt's heute? Nicht mal 'nen feuchten Händedruck, im Gegenteil. Vorwürfe von allen Seiten, wie Frauen als Mütter, als Verantwortliche der Familien, als Umsorgerin des Mannes scheitern. Im Grunde ist das ein Job, den man freiwillig nicht übernehmen würde: jede Menge schwere Arbeit und Verantwortung, viele Überstunden, Nachtarbeit, dann noch Vorwürfe und keine Bezahlung. Wozu auch. Ist ja keine Arbeit.

Es muß irgendein Trick der Natur sein, der Frauen überhaupt in diese Situation lockt. Vielleicht liegt es auch daran, daß so wenige Frauen Schach spielen und deshalb die nächsten Züge nicht berechnen (können), wenn sie einen Schritt tun – wie z.B. heiraten und Kinder kriegen.

Da es aber ist, wie es ist, findest du dich am besten damit ab, daß du dein Leben in der Vorwurf-Schuldgefühl-Schlechtes Gewissen-Frust-Wut-Weinkrampf-Schlinge verbringst. Deine Leistungen werden nicht honoriert! Deine Fehler werden überbewertet! Deine Gefühle werden nicht beachtet! Deine Versuche sind lächerlich! Du bist ganz und gar unzureichend. Du versäumst deine Pflichten als sorgende, liebende, hegende Mutter, Ehefrau, Freundin, Tochter usw.

Somit hast du auch nichts anderes verdient als Vorwürfe und Streß.

Denk auch daran, wenn es dir schlecht geht, hast du allemal eine Freundin zum Trösten. Aber wage es ja nicht, lebenslustig herumzutollen und dir für diese Lust eine solidarische Person zu suchen, die auf deine Kinder aufpaßt oder deinen Haushalt schmeißt. Findest du nicht auch, daß das ganz und gar anrüchig ist? Man liest es ja oft in den Zeitungen: Da geht eine auf den Strich, hat ein Kind, treibt sich herum, vernachlässigt das Kind. Bringt es um. Das ist das Schlimmste, was der menschlichen Gesellschaft passieren kann. Eine Mutter, die aus Egoismus ihr Kind zerstört. Nicht die Politik ist kriminell, die den Kindern keine Lebenschance läßt, nicht die Ellenbogengesellschaft, die Kinder von früh an brutalisiert, nicht die Wirtschaftsstruktur ist kriminell, die unsere Kinder von Anfang an vergiftet. Das ist abstrakt und nicht greifbar. Schuld ist immer die Frau. Cherchez la femme! Der Mann hat selber genug Probleme, und schließlich ist er nicht zuständig. Er arbeitet. Er hat mit der großen Welt zu tun, die Frau mit der kleinen. Das wird sie doch hoffentlich noch packen, mehr verlangt man ja gar nicht von ihr.

Tu also deine Pflicht. Mach den Kindern phantasievolle Pausenbrote, näh ihnen Klamotten, wenn das Geld nicht reicht, opfere dich auf, denn es bringt dir die Befriedigung: Diese netten, guterzogenen Kinder sind deine. Du hast etwas geleistet.

Was? Sie kommen heim und motzen, daß du nie das kochst, was sie wollen? Sie machen dir ein schlechtes Gewissen, weil du sie nicht fünfmal am Tag irgendwohin fährst? Sie finden dich, verglichen mit anderen Müttern, spießig und kleinkariert? Du erlaubst nichts und bist zu faul, sie ab und zu nachts abzuholen? Du kaufst dir selber eine Hose und hast deshalb kein Geld für die Trend-Jacke deines Sohnes? Du bist dreimal abends weg, weil du dies und das lernen/tun willst? Ja, wie haben wir's denn!

Nein, so eine bist du nicht. Du gibst das letzte für Mann und Kinder, du hilfst deiner Freundin mit allen Mitteln, du bist für alle da, das macht dich sogar glücklich. Du bist die Frau, auf die sich alle verlassen können. Du hast nie ein schlechtes Gewissen, denn du machst alles, was andere von dir wollen. Du fühlst schon vorher, was benötigt wird. Das wird oft bewundernd erwähnt. Du bist wirklich eine tolle, sensible und selbstlose Frau.

Warum sitzt du dann jetzt bei mir in der Wohnung, heulst mir die Schulter naß und erzählst mir, daß dein Mann mit einer jüngeren abgehauen ist und auch auf deine wunderbare selbstgemachte Marmelade keinen Wert mehr legt? Die Kinder sind ausgezogen? Die Undankbaren! Sie haben nicht mal das Gefühl, daß sie dir etwas schuldig sind, daß du je mehr als deine Pflicht getan hast! Die Feinheiten sind an ihnen vorbeigegangen, und als du ihnen erzählt hast, unter welchen Gefahren du sie geboren und unter wieviel Mühe und Entbehrungen du sie großgezogen hast, haben sie nur höhnisch gelacht. Ist doch dein Problem, wenn du unbedingt Kinder wolltest. Hättest du keine gemacht! Aber das brauchtest du ja für deine Bestätigung. Gib's doch zu:

Ohne uns hättest du gar nicht gewußt, was du mit deinem Leben anfangen sollst. Wenn wir mal nicht da waren, bist du schon ins Schleudern gekommen. Sollten wir um zehn daheim sein und waren nicht pünktlich, hast du die Polizei angerufen, ob uns was passiert ist! Du lebst doch gar nicht selber! Du wirst gelebt. Du läßt dich leben. Und dafür sollen wir dir dankbar sein. Mama, sei realistisch. Am besten schreibst du dich in einen Volkshochschulkurs für Selbsterfahrung ein. Aber nicht am Mittwoch, da brauchen wir dich als Babysitter.

Auflösung von TEST 11

Du wählst gefälligst Lösung 1. Was denn sonst.

Wenn es köstlich gewesen ist, so ist es Mühe und Arbeit gewesen, das steht in der Bibel. Und vergiß den Quatsch mit „Jesus hat schon all unsere Schuld auf sich genommen“ – die der Frauen nicht, da kannst du sicher sein.

Test 12

Du bist allein in der Wohnung, hast alle Lichter gelöscht und willst gerade schlafen, da entdeckst du eine Bewegung/einen Schatten hinter dem Vorhang oder sonstwo. Was tust du?

1. Du erinnerst dich an alle Fernsehfilme, die du diesbezüglich gesehen hast, und kreischst: „Nein, nein, bitte nicht, nein, nein...“
2. Du machst das Licht an und schaust nach.
3. Du schleichst dich im Dunkeln so nah wie möglich an den Schatten heran und erschreckst ihn/greifst ihn an/schlägst auf ihn ein.
4. Du rufst: „Hallo, ist da wer?“
5. Du hast schon lange trainiert, dich lautlos zu bewegen, und kennst deinen Körper in- und auswendig. Du denkst dir: Endlich habe ich Gelegenheit, all die lustigen Tricks auszuprobieren, die wir im Wen-Do gelernt haben.
6. Du sagst: Also dann komm schon her – hast du Spielkarten dabei?
7. Du denkst: Immer wenn ich besonders müde bin, versucht irgendein Arschloch mich am Schlafen zu hindern, drehst dich um und schläfst ein.
8. Du sagst: Jetzt nicht. Und gehst in Trance.

12

Angst. Die Welt ist ein großer Krokodilstümpel. Pflege deine Angst durch Horrorphantasien. Erst kürzlich wurde ein Autofahrer von einem abstürzenden Flugzeug erschlagen, ehrlich!

Ein früher sehr populärer bayerischer Politiker sagte einmal: Man muß den Leuten Angst machen. Nur so kann man sie wirklich manipulieren. Wer Angst hat, kann keine klaren Entscheidungen treffen, ist ständig auf der Flucht. Es könnte ja das passieren, was man insgeheim am meisten fürchtet. Wer deine Angst kennt, hat dich in der Hand. Im Körper passiert etwas sehr Seltsames: Die Angst breitet sich überall so rasend schnell aus, daß keine andere Regung mehr Platz hat. In einer Art Schockzustand werden nur noch die lebenswichtigen Organe durchblutet, die Extremitäten werden eiskalt, denken ist mangels Durchblutung nicht mehr oder kaum noch möglich. Die Atmung stockt, wird flach, die Muskeln verkrampfen sich.

Diesen Zustand kannst du auch künstlich herstellen, wenn du dich am Denken und Handeln hindern willst: Stell dir eine grauenhafte Situation vor. Damit deine Horrorvisionen nicht bei „Rotkäppchen und der Wolf" stehenbleiben, kannst du dir ja entsprechende Videos ausleihen. Die grauenhaftesten Bilder hältst du im Inneren ganz fest, damit du sie jederzeit abrufen kannst: den Mörder, der durch die Terrassentür kommt, den Vergewaltiger, der ein Fenster einschlägt, den Vorhang, der sich bewegt, und unten schaut ein Schuh raus...

Diese Bilder eignen sich allerdings nur für die Nacht und beim Einschlafen. Tagsüber mußt du schon mehr Phantasie entwickeln. Dehne z.B. die Angst vor dem Zahnarzt so lange wie möglich aus, indem du sehr langfristige Termine machst und dir jeden Tag vorstellst, wie grauenhaft es sein wird. Wenn du dich irgendwo vorstellen mußt, einen neuen Job anfängst oder sonst irgendeine schwierige Situation vorhast, imaginiere die schrecklichsten Fehler, male dir jedes Fettnäpfchen aus, in das du möglicherweise treten könntest, und vergiß bitte eins nicht: Alles, was du lange genug imaginierst, hat eine gute Chance, Wirklichkeit zu werden. Du beginnst, das Imaginierte anzuziehen, auszustrahlen, zu rufen. Wenn du nachts irgendwo allein gehen mußt, schau dich um, sooft es geht, und stell dir dauernd vor, daß einer hinter dir geht, schneller, noch schneller, jetzt ist er schon ganz dicht hinter dir... Albern? Findest du? Ich sage dir nur, wie's geht. Das weißt du schon, weil du das sowieso dauernd so machst? Eben.

Eine meiner Lehrerinnen sagte mal zu mir: Du mußt dich von dem Dämon, den du am meisten fürchtest, beißen lassen. Sie ist nämlich der Überzeugung, daß du durch die Angst nur durchgehen kannst, indem du dich ihr stellst, weil sich niemand von Flüchtigen Vorschriften machen läßt. Das heißt auch nicht, meint sie, daß man in eine Gefahr blind hineinrennt, sondern nur, daß man sich der eigenen Angst stellt. Warum habe ich gerade vor dieser Situation solche Angst? Was kann schon passieren!

In Dänemark hat ein elfjähriges Mädchen geschafft, was andere sich in ihren kühnsten Träumen nicht ausdenken. Sie hat einen Mann, der sie vergewaltigen wollte, mit einem Judogriff zu Boden geworfen. Nach eigenem Bekunden hatte sie überhaupt keine Angst. Sie hatte so eine Art Urvertrauen. Aber davon wollen wir hier gar nicht erst anfangen, das wird sonst zu mystisch. Auf was sollte sich das gründen? Und erleben wir nicht täglich, wie Frauen überfallen, vergewaltigt, betrogen, fertiggemacht werden? Es gibt so eine Art gemeinsame Absprache, wie die Muster zu funktionieren haben. Wir alle halten uns an die Absprache. Die brutalen Killer, die Zuhälter, die Schläger, die hilflosen Frauen, alle halten sich daran. Verblüffend wäre es natürlich, wenn das Muster durchbrochen würde, wie z.B. bei einer Frau, die von einem Messerstecher überfallen wurde. Sie starrte ihn entgeistert an und sagte: „Moment mal, sind Sie Linkshänder? Das habe ich nicht gelernt, da muß ich erst nachdenken." Aus dem Überfall wurde nichts, der löste sich in Luft auf. Ebenso wie der auf eine Freundin, die in New York von einem Straßenräuber angeschrien wurde: *Give me your handbag!* und sie schlicht: *No!* sagte.

Wenn wir natürlich mit solchen Geschichten anfangen, müßten wir auch diskutieren, daß sogar der brutalste Schläger seinen schwachen Punkt hat. Nur, wie findest du den? Für fernöstlich geschulte Zen- oder Tao-Fans ist das ganz einfach: Du mußt der Person, die dich angreift, ruhig in die Augen schauen, denn in den Augen liegt alles. Jede Absicht kannst du darin lesen, und dann kannst du die Kraft des Angreifers gegen ihn verwenden. Du läßt ihn sozusagen am eigenen Schlag auflaufen. Dazu mußt du aber hinschauen. Und davor hast du vermutlich am meisten Angst: in verkommene Augen zu schauen und miese Absichten zu lesen. Schaust du aber hin, dann merkst du: Auch dieser Mensch hat Ängste. Und dann wird's spannend. Eine Stufe weiter würdest du nämlich diese Ängste bedienen. Du würdest seine Absicht in deinen Augen spiegeln und ihm damit tierisch Angst machen. Denn die meisten Menschen, die stark austeilen, sind nicht in der Lage, auch nur die Hälfte davon wieder einzustecken. Da läge deine Chance. Aber was reden wir von Überfällen, wenn deine größten Ängste die alltäglichen sind.

Du bist so voller Ängste – vom Autofahren übers Treppensteigen, vom Durchqueren eines großen leeren Raums unter den Blicken fremder Menschen bis zum Besuch eines Lokals allein am Abend, vom Ausbruch einer tödlichen Krankheit bis zum Alleinsein –, daß du davon überzeugt bist, nie davon frei zu werden. Damit dir das gelingt, rate ich dir folgendes:

Sprich so oft wie möglich mit deinen Freundinnen über die grauenhaftesten Sachen (das wird dir kaum Probleme bereiten, weil das die Lieblingsthemen unter Freundinnen sind).

Mal dir in jeder Situation aus, was Furchtbares passieren könnte. Lies alles über Unfälle, Mord, Totschlag, Flugzeugabstürze und Wahnsinn. Wenn das alles langsam in seiner Wirkung nachläßt, gibt es noch ein Mittel, das in meiner Familie gelegentlich auftaucht: die Angst vor dem sogenannten dritten Weltkrieg. Fällt nicht schon ein Schuß? Waren nicht gestern weniger Düsenjäger unterwegs? Warum schauen die Zöllner so komisch? Wollen sie etwa die Grenze sperren? Ängste müssen nur im Kern real sein. Wenn sie mal in deiner Phantasie gewachsen sind, dürfen sie den Boden der Tatsachen ruhig verlassen, sonst wirken sie irgendwann nicht mehr, und was tust du dann – ohne deine Angst...?

Auflösung von TEST 12

Wie wär's mit dieser Version: Der Einbrecher hörte ein leises rauhes Kichern, so unheimlich, daß ihm das Blut in den Adern gefror. Er fühlte, wie ein Luftzug den Vorhang bewegte, hinter dem er sich versteckt hatte, und da schoß es ihm durch den Kopf: „Sie hat meine Füße gesehen."

Wieder kam dieses heisere Lachen, irgendwie irr klang das. Ihm brach der Schweiß aus...

(Fortsetzung folgt)

TEST 13

Du erfährst aus dem Radio, daß über der Südsee eine Atombombe explodiert ist. In der gleichen Nachrichtensendung wird berichtet, daß eine Chemiekatastrophe in Indien Hunderte von Menschenleben gefordert und ein Eisenbahnunglück in England mehr als achtzig Fahrgäste hingerafft hat. Zufällig willst du an diesem Tag in Urlaub fahren. Was machst du?

1. Du bist total deprimiert und beschließt, deinen Urlaub abzublasen.
2. Du sagst dir, jetzt ist es so weit, schnappst dir die Bibel und betest.
3. Du telefonierst mit deiner Mutter/Freundin, und ihr redet so lange, bis du totale Paranoia hast und dir die Lust auf Urlaub oder sonstwas vergangen ist.
4. Du sagst dir ganz cool, daß die patriarchale Scheiße früher oder später so enden mußte, das hast du ja immer gewußt – und fährst in Urlaub wie geplant.
5. Du gründest ein Hilfskomitee für eins oder alle drei Unglücke.
6. Du stellst dich dem Roten Kreuz für Hilfsdienste zur Verfügung.
7. Du wirfst eine Bombe in die Verwaltung eines Atomindustrie-Gebäudes bzw. des betreffenden Chemiekonzerns.
8. Du gehst ins Reisebüro und rechnest dir anhand einer Landkarte aus, wo du von allen schlechten Einflüssen und Strahlungen am weitesten entfernt bist – und du kaufst aus diesen Gegenden keine Produkte mehr.
9. Du weinst und weißt nicht weiter.
10. Du fährst weinend in Urlaub.

13

Das Elend der Welt! Wer bist du, eine kleine Boutique aufzumachen oder in Urlaub zu fahren, während auf der Welt die Kinder verhungern?

Du hast es bis hierher durchgehalten, du weißt jetzt Bescheid über die Gefahren, die einer totalen Unterwerfung, einer vollständigen Niederlage im Wege stehen. Du weißt, daß du gar nicht erst Selbstwertgefühl, Ehrlichkeit, Klarheit, Mut, Lust auf Lust, Selbstvertrauen, Eigen-Macht aufkommen lassen darfst, wenn du nicht am Ende selbstverantwortlich ohne Netz und doppelten Boden dastehen willst, ganz bei dir und ganz offen für alles, was um dich her geschieht. Vielleicht bist du eine ganz Hartgesottene, die von sich sagen kann, daß all die erwähnten Punkte für sie kein Thema sind, die darauf beharrt, ihr ganz eigenes Leben zu leben. Dann gebe ich dir diesen letzten und vielleicht wichtigsten Punkt zu bedenken:

Du bist Angehörige einer kapitalistischen Industrienation, deren Wohlstand – also auch deiner – von der Ausbeutung der dritten Welt abhängt. Du bist mitverantwortlich für die Ausrottung der letzten Urvölker, für die Rodung der letzten Urwälder, für den Niedergang alter Bräuche und Traditionen, für den Hunger und das Elend in den sogenannten Dritte-Welt-Ländern.

Du nimmst – eventuell ohne es zu wissen – hin, daß in vielen Ländern dieser Erde Menschen gefoltert und umgebracht werden. Du tust offenbar nichts gegen die Ungerechtigkeit, das Elend und das Leid auf dieser Welt.

Du wirst zugeben, daß dieser Punkt der allerwichtigste ist. Was wirst du mir entgegenhalten? Daß die Frauen die Neger der Welt sind? Daß Frauen in den Jahrhunderten, Jahrtausenden patriarchaler Herrschaft entrechtet, entmachtet, entmündigt, gequält, gefoltert, verbrannt, verstümmelt, in der Entwicklung ihrer Kräfte und Fähigkeiten beschnitten und in sinnlose Tätigkeiten verwickelt wurden? Du wirst die neun Millionen „Hexen" anführen, die von der Kirche in zweihundert Jahren umgebracht wurden, deren Besitz eingezogen worden ist? Du wirst sagen, daß die Situation der Frauen bis heute so ungleich, so brüchig, so ungerecht, so entrechtet und entmachtet ist, daß wir dringend anfangen müssen, an unserer eigenen Situation zu arbeiten, ehe wir andere retten? Du wirst sagen, daß wir noch nicht einmal das Recht auf unser eigenes Leben, auf Bestimmung unserer Nachkommenschaft haben und daß immer noch Männer, die von unserem Leben keine Ahnung haben, unsere Fäden ziehen? Sagst du mir vielleicht auch noch, daß es absurd ist zu versuchen, jemanden zu retten, wenn man selber am Ertrinken ist? Oder sagst du mir, daß jede einzelne Heilung auch eine Heilung des gesamten Universums ist und daß wir, indem wir, jede einzelne von uns, unsere Situation verbessern, damit auch die Gesamtsituation aller Ausgebeuteten, Entmachteten, Gequälten und Leidenden verbessern? Dein Glück strahle auf andere ab? Ermutige die nächste Frau, auch das Glück zu wagen? Sagst du das einfach?

Meine Liebe, du bist ein harter Brocken. Bete mehrere Ave Maria und Vater Unser, noch besser, bitte alle patriarchalen Weltreligionen um Erleuchtung, suche den Weg des Dienens und Opferns, denn du bist von Grund auf schlecht. Glaube mir. Kauf dir sämtliche Zeitungen und erinnere dich täglich an das Leid dieser Welt, bis du so gelähmt bist, daß du nicht mehr die Kraft hast, deine zwei

Semmeln beim Bäcker zu holen. Glaub nicht, das sei unmöglich, ich kenne mehrere Frauen, die sich auf diese Art das Frühstücken abgewöhnt haben.

Während du schwach und schwächer wirst an Körperkraft, Mut, Eigenständigkeit und Ideen, haben hingegen jene, die diese Situation tagtäglich verantworten müßten, solche Probleme nicht. Gut, daß wenigstens die Frauen so zartfühlend sind, das nimmt ihnen den Stachel des schlechten Gewissens.

Wenn vom Frieden die Rede ist, fangen die Frauen beim Frieden im Haushalt an – und wagen nachher nicht mehr zu streiten, um ihre Rechte durchzusetzen.

Wenn von Umweltverschmutzung die Rede ist, machen Mütter ihre Kinder fertig, weil sie ein Kaugummipapier auf die Straße geschmissen haben – und nebenan dampfen die Tschernobyls und Cattenoms ihren Dreck in die Welt.

Hauptsache, wir haben ein schlechtes Gewissen. Hauptsache, wir kratzen noch den kleinsten Dreck, den wir verursacht haben, aus der Landschaft, damit die anderen mit dem Tieflader den Rest besorgen können.

Laßt die Regierungen der Welt nur in die dritte Welt Waffen liefern, die diese armen Länder mit ihrem letzten Geld bezahlen und zwar gleich – wir sammeln unverdrossen Brillen, alte Kleider, altes Brot für Afrika und Asien. O Elend dieser Welt, verzage nicht, ich bin schon mit dem Taschengeld meiner Kinder der letzten zwei Jahre unterwegs!

Ich könnte doch nicht ruhig in der Sonne Griechenlands oder Italiens liegen, während in Afrika Kinder verhungern, während in Beirut die Zivilbevölkerung erschossen wird, während in Südamerika die Drogenmafia kämpft. An die vorderste Front will ich. Nehmt mich, ich kämpfe und sterbe für meine Ziele. Leider habe ich verlernt, für meine Ziele zu leben. Macht nichts. Wer weiß schon etwas über die Ziele der Frauen?

Verweigere dich nicht! Wenn du dich jetzt verweigerst, verrätst du die Sache der Fachleute. Sie haben entschieden, wie die Welt und alles, was darauf kreucht und fleucht, zu retten ist. Wobei es ihnen natürlich in erster Linie um ihre eigene Haut geht. Sie setzen sich presse- und medienwirksam in Szene, rufen auf Kongressen die Rettung der Erde aus und teilen die Arbeit auf. Ich erinnere mich an so eine Situation. Da war ich auch dabei: 68, als es so heiß herging in Europa. Wir folgten den Strategen, denn wir waren nicht in der Lage, einen Plan zu machen. Ich wurde immer verhaftet, bekam Schlagstökke in den Nacken und Tränengas ins Gesicht. Ich war entschlossen, die Welt zu retten, nach dem Plan der Genossen, die es schließlich genau wußten. Sie bekamen nichts ab. Die meisten sind heute in der hohen Politik oder ganz religiös. Aber das soll dich nicht daran hindern, dein persönliches Unbehagen niedriger einzuschätzen als die klug ausgearbeiteten Strukturvorschläge der Männer. Denn sie wissen Bescheid. Schau hin, auf die Kongresse, die Seminare, die internationalen Welt-Rettungs-Shows. Wer gibt den Ton an? Na also. Und wer bist du, alles besser zu wissen? Siehst du! Fang im Kleinen an.

Arbeite ehrenamtlich, bis du zusammenbrichst. Gib deine Fähigkeiten neidlos in größere Zusammenhänge ein, such nicht den Ruhm, die Ehre, die Profilierung, such nicht nach Sinn und Erfüllung. Mach einfach, was dir gesagt wird. Glaub mir, SIE wissen, wie alles geht. Laß deinen Egoismus fahren, die Zerstörung des Ego steht im Vordergrund, denn es hindert dich daran, in der Gemeinschaft mit anderen aufzugehen. Draufzugehen. Zu gehen. Geh!

Auflösung von TEST 13 (Mit Urlaubstips)

1. Geh sofort zum nächsten Kinder/Öko/Dritte Welt/Caritas-Laden und engagiere dich, bis dir schwindlig wird.
2. Urlaubstip: Fahr an die Klagemauer nach Jerusalem.
3. Fahr zu deiner Mutter und hilf ihr beim Einkochen.
4. Mein Tip: Die Faröer-Inseln sind etwas für ganz coole Frauen.
5. Hier gibt es diverse attraktive Reisemöglichkeiten: Sahelzone in Afrika, Indien (Vorsicht, da gibt es viele Krankheiten, laß dich beraten). Besser: Mittelamerika, da kannst du einen Badeurlaub in Belize oder Jamaica anhängen.
6. Ich hoffe, du hast eine stabile Wirbelsäule, dann kann so ein Hilfsdienst eine Art Abenteuerurlaub werden – falls sie dich nehmen.
7. Urlaubspläne erübrigen sich dann. Im Knast kann man gut meditieren.
8. Ich rate zu Patagonien.
9. Laß dich eine Woche lang auf einer Schönheitsfarm verwöhnen.
10. Das ist vielleicht der einzige Zustand, in dem du, ohne belästigt zu werden, nach Italien fahren kannst. Vergiß nicht, deine Wimperntusche kräftig zu verschmieren. In San Giminiano gibt es ein Kloster, in dem Frauen Urlaub machen können.

Gute Reise!

Das Spiel

I. Ich glaube, du hast den ersten Preis gewonnen. Hier hast du dein Zeugnis, vergiß nicht zu sagen, daß du ja so schlecht vorbereitet warst und trotzdem alle übertroffen hast.

II. Ja, weiß ich jetzt auch nicht... du auch nicht, oder? Jetzt sind wir ratlos, alle beide. Warten wir halt noch ein Weilchen, wird sich schon eine Lösung ergeben. Gib schon mal deine Spielfigur ab.

III. Tut mir leid für dich, echt. Hätt' ich nie gedacht, daß es so schnell gehen könnte. Ich wette, du hast die besten Ärzte gefragt! Hast du schon ein Grab? Naja, dann...

IV. Wo bist du denn? He, du. Meine Güte, die hört mich gar nicht. So eine Spielverderberin. Und wie sie immer lacht, als gäbe es irgendwas zu lachen auf dieser Welt...

V. Liebe Mitspielerin! Ich hatte gehofft, dich persönlich sprechen zu können, höre aber, daß du mittlerweile in einem japanischen Kloster in der Küche arbeitest. Ich wünsche dir viel Glück und alles Gute. Du hast unser Spiel erfolgreich beendet. Anbei dein Zertifikat. Wenn du mit deiner Sieben-Tage-Za-Zen-Meditation fertig bist und dem Meister drei Wochen gedient hast, denk bitte daran, meine Spielfigur zurückzuschicken. Vielen Dank...

Sollte der gesamte Inhalt des Buches an dir vorübergegangen sein?

Gratuliere. Hier ist der Trostpreis, ein Gebet, das du immer murmeln solltest, wenn du in Zweifel gerätst, ob du überhaupt existieren darfst:

Ich bin eine einzigartige Persönlichkeit
Ein Kunstwerk der schöpferischen Energie
Ich bin lebendig
Was ich will, das kann ich tun und tue es
Ich weiche nicht zurück, sondern im Gegenteil:
Ich gehe den halben Schritt zu weit
Denn erst in der Grenzüberschreitung spüre ich meine Kraft
Im Widerstand zu denen, die mich brechen wollen
Ich bin eine einzigartige, wundervolle Person,
Ein Gesamtkunstwerk der Schöpfung
Mein Körper ist mein Tempel
Mein Geist ist angeschlossen an die schöpferische Energie des Universums
Ich bin ein Sturmwind – wer könnte mich einfangen
Ich bin ein Vulkan – wer wollte mich aufhalten
Ich bin die Flut – keinem vernünftigen Argument zugänglich
Ich bin der Erdrutsch
Ich bin der Berg, der erwacht und kommt.

Und jetzt ein letzter Rat, wenn du noch ein bißchen Zeit hast.

Hier ist eine Liste von Büchern, die du besser nicht lesen solltest:

- Lies nicht „Frauen im Schatten berühmter Männer" und auch nicht „SCUM" von Valerie Solanas, denn diese beiden Bücher tragen nur dazu bei, daß du ein schlechtes Bild von Männern bekommst.
- Lies keine Bücher von mir, auch wenn sie nicht wahnsinnig aufwieglerisch sind – du könntest Lust bekommen, etwas anderes mit dir anzufangen, als du dir bisher je vorgestellt hast.
- Lies nicht „Die tanzende Göttin" von Heide Göttner-Abendroth, du kommst sonst nur noch auf die Idee, es hätte mal etwas anderes als Männerherrschaft gegeben.
- Lies auch nicht „Frauen denken anders" und „Hexen" von Erika Wisselinck, weil sie dein Geschichtsbewußtsein irritiert.
- Lies nichts von Sylvia Plath, Virginia Woolf, Gertrude Stein, ganz besonders aber nicht ihre Biographie von Renate Stendhal, die macht nämlich Lust auf ein Leben mit Frauen, und wie du weißt, ist das gegen die Spielregeln.
- Lies nicht die Biographien von Zelda Fitzgerald („Schenk mir den Walzer") und Alexandra David-Néel, von Frida Kahlo und Georgia O'Keeffe, auch nicht die von Dorothy Parker und Jane Bowles und zwar aus dem einen Grund: Du könntest darauf kommen, daß es all den Frauen meistens erst schlecht ging, nachdem sie den Mann fürs Leben gefunden hatten.

- Lies nichts von Leonora Carrington – ganz besonders nicht „Unten“.
- Lies nichts von Else Lasker-Schüler, und lies auch „Unter dem Tagmond“ von Keri Hulme nicht.
- Lies nichts, was dich zum Träumen bringt, keine Gedichte, keine Märchen, du könntest ja anfangen, dein Leben umzuträumen!
- Und sollte jemals Brenda Maddox’ Biographie „Nora“ über Nora Joyce auf deutsch herauskommen: Meide es wie die Pest, denn dieses Buch macht dir Lust auf eine weibliche Revolution, wie die Welt sie noch nicht gesehen hat.
- Schließlich und endlich rate ich dir, auch Verena Stefans „Häutungen“ nicht mehr zu lesen, denn dieses Buch war der Anfang einer Lawine, die, scheint’s, nicht mehr aufzuhalten ist.

So. Jetzt kann ich leider nicht mehr weiterschreiben, ich muß nämlich für einen Kindergeburtstag morgen eine Torte und Lampions...

Was ich da Schönes schreibe? Ach... ich schreibe... äh... einen Brief... äh... an meine Tante...

Luisa Francia

geboren 1949, lebt mit ihrer Tochter bei München. Sie ist Filmemacherin und Autorin. Zusammen mit Margarethe von Trotta schrieb sie die Drehbücher „Das zweite Erwachen der Christa Klages“ und „Schwestern“, machte später eigene Filme („Hexen“, „Die Anstalt“, „Nur in der Fremde ist der Fremde fremd“, „Alles möglich“) und verfaßte die Theaterstücke „Fischmaul“ und „Salome“. Sie veröffentlichte Gedichte in verschiedenen Anthologien und Zeitschriften.

Im Verlag Frauenoffensive sind von ihr erschienen: „Berühre Wega“ (1982), „Kalypso“ (1984), „Mond, Tanz, Magie“ (1986), „Drachenzeit“ (1988), und „Zaubergarn“ (1989). Im Stechapfel Verlag Zürich: „Hexentarot“ (1981) und „Der afrikanische Traum“ (1985). Bei Piepers Medienexperimente, Lörrach: „Ich machte mich auf die Findung“ (1988).

ISBN 3-88104-210-5

ISBN 3-88104-190-7

ISBN 3-88104-165-6

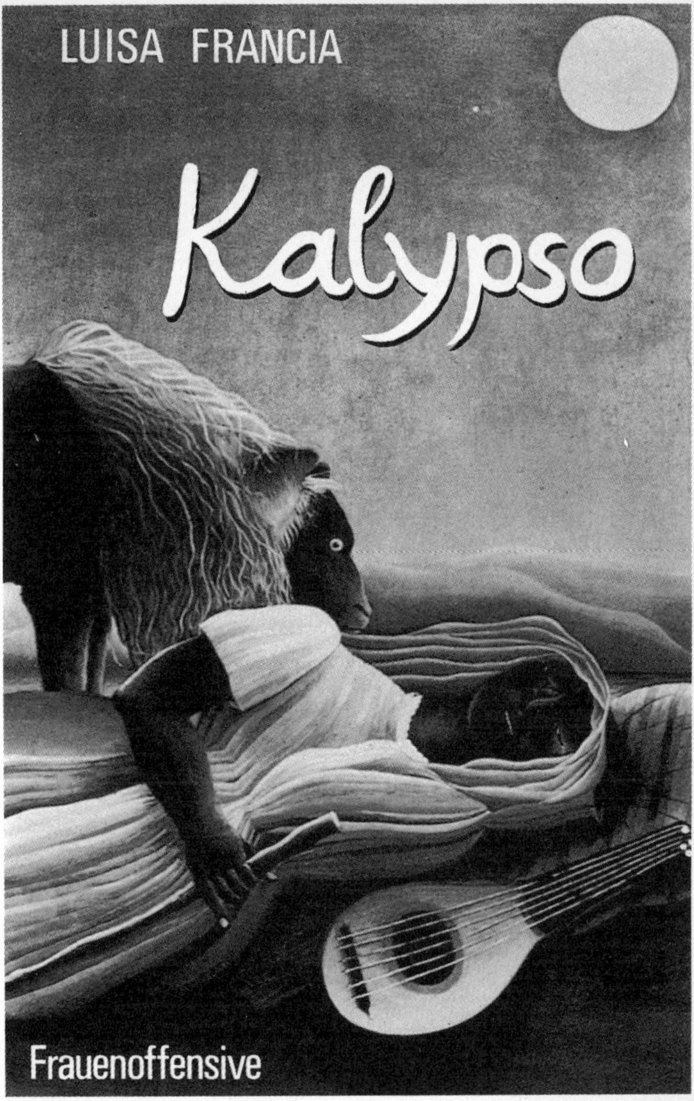

ISBN 3-88104-138-9

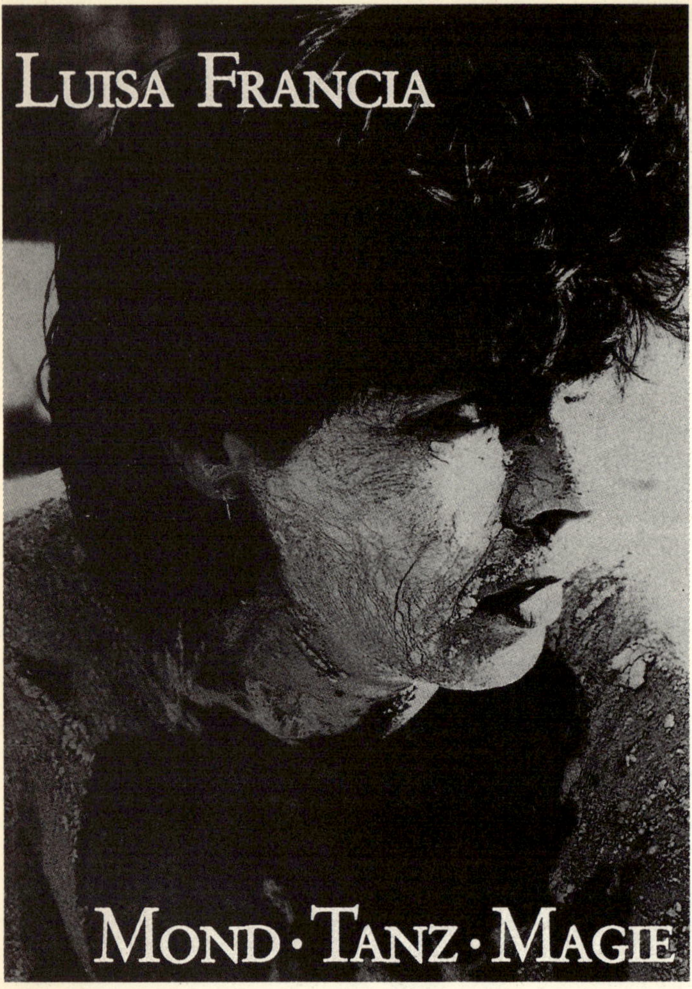

ISBN 3-88104-152-4

ISBN 3-88104-120-6